Der Patensohn

Daniel Nagel

Der Patensohn

Komödie in 4 Akten

Didel-Dadel-Dum
&
Dead Girl Walking Press

Bibliografische Informationen der deutschen Bibliothek:
Die Deutsche Bibliothek verzeichnet diese Publikation in
der deutschen Nationalbibliografie; detaillierte bibliografische Daten sind im Internet über http://dnb.ddb.de
abrufbar.

www.deadgirlwalking.de
www.didel-dadel-dum.de

Herstellung und Verlag:
Books on Demand GmbH, Norderstedt
Printed in Germany
ISBN 978-3-8423-2686-6

Personen

Die Familie

ADAMO DIANGELO, Sohn der Mafia Patin

BARETTA DIANGELO, die Patin

VICTORIA MORRIGAN, Consiliera

Die Capos

MADDALENA, „Kehlenschlitzer Maddy" , Schutz-
gelderpressung

FERGOLINA, „Fergie die Fiese", Alkoholschmuggel

CLEONESTRA, Cleo ohne Spitznamen, Waffenhandel

Das Federal Bureau of Investigation

SPECIAL AGENT O'HARRIGAN

Agent 1

Agent 2

Die Huren

Madame Sugar, die Bordellbesitzerin

Candy

Honey

Cherry

Die Nerds

Cooper, der Chemiker

Sheldon, der Physiker

Laverne, die Mathematikerin

Weitere Rollen

Penny, das Zeitungsmädchen

Betty, die Sekretärin von O'Harrigan

Die Pizzabotin

Shorty, Nachwuchszeitungsmädchen

Monster, die Katze von Baretta

Erster Akt.

Erste Szene.

Eine Straße am frühen Abend. Die Stadt begibt sich langsam zur Ruhe. Penny versucht verzweifelt, den umher eilenden Bürgern die Sonderausgabe ihrer Zeitung zu verkaufen.

TANZ: Die Mafia (Intro)

PENNY Sonderausgabe! Baretta DiAngelo verurteilt! Chicago ist wieder sicher! Lesen sie alles über den spektakulären Prozess! Der Bürgermeister sagt: Endlich kann man nachts wieder ruhig schlafen.

Die Capos laufen gefolgt von O'Harrigan und den beiden Agenten über die Bühne. Die Agenten laufen weiter, O'Harrigan bleibt stehen und verschnauft. Keuchend stützt er sich auf die in der Nähe stehende Penny, die unter seinem enormen Gewicht beinahe zusammenbricht.

O'HARRIGAN *rappelt sich wieder auf.* Diese Stadt ist ein Sündenpfuhl. Man kann ja nachts nicht mal mehr ruhig schlafen, wenn solches Gesindel auf den Straßen frei herumläuft. *Atmet tief durch und nimmt die Verfolgung wieder auf.*

Die Capos stürmen auf die Bühne. Halten kurz inne und sehen sich um. Maddy in Handschellen. Cleo und Fergie streiten. Maddy steht etwas abseits.

CLEO Jetzt werden sie uns auch kriegen! Das ist alles deine Schuld, Fergie! Du und deine Schnaps-Schmuggelei haben unsere Steckbriefe in jedes Postamt gebracht.

FERGIE Ich? Nein! Wenn überhaupt, haben uns das die LKW-Ladungen voller Waffen eingebrockt, die du regelmäßig verkaufst! *Blickt sich gejagt auf der Bühne um.*

MADDY *wedelt aus dem Hintergrund mit den Handschellen herum und möchte befreit werden, wird aber nicht beachtet.* Hey … hallo?

CLEO *zu Fergie.* Niemals! Ich bin vorsichtig. Meine Crew ist vorsichtig. Es ist beinahe leichtsinnig, so vorsichtig zu sein, wie wir es sind …*Rennt zur linken Seite der Bühne, um zu schauen, ob jemand kommt.*

FERGIE Was für einen Quatsch gibst du da eigentlich von dir? *Schlägt die Hand vor die Stirn.* Du bist so ziemlich der nutzloseste Verbrecher in dieser ganzen Stadt! Ein Wunder, dass du dir die Radieschen noch nicht von unten anschaust … *Zieht die beiden anderen Capos von dem Zeitungsmädchen *weg, damit dieses nicht mithören kann und deutet ihnen an, leiser zu sprechen.**

CLEO *mit den Tränen kämpfend.** Und du … du … du bist doof!

FERGIE *entnervt.** Ich brauche einen Drink!

MADDY Hallo?! Ich bin auch noch da? Könnt ihr mich vielleicht endlich losmachen?

CLEO *zu Fergie.** Ich zahle!

FERGIE Wieder Freunde?

CLEO *nickt.**

Cleo und Fergie fallen sich in die Arme und brabbeln Floskeln der Versöhnung.

CLEO Fergolina, meine Schwester, wie konnte ich nur so grausam zu dir sein?

FERGIE Es ist vergessen.

MADDY *rastet aus und brüllt auf Italienisch herum:"Ihr trägen Ziegen! Nutzlose Genossen! Eure Mütter hätten euch nicht mit mir spielen lassen, hätten sie gewusst, dass ihr mich jetzt so behandelt."** Capre inette! Compagni inutili! Le vostre madri non vi avrebbero fatto giocare con me se avessero saputo come mi state trattando.

Nehmt mir endlich die verdammten Handschellen ab! Ich schwöre, dass ich euch beide im Fluss versenke, wenn ihr mir nicht sofort diese verdammten Handschellen abnehmt.

CLEO Ist ja schon gut. *Zu Fergie.* Eigentlich schade, dass das FBI keine Maulkörbe anlegt.

MADDY Was hast du gerade gesagt? Wenn meine Hände frei wären, würde ich dir zeigen, wo der Hammer hängt!

FERGIE Warum musstest du diese FBI-Agenten auch beschimpfen? Sie hätten uns nicht erkannt, wenn du den Mund gehalten hättest. *Rennt zur rechten Seite der Bühne, um zu schauen, ob jemand kommt.*

MADDY Der Eine hat mich begrapscht.

CLEO Du hast ihn angerempelt.

MADDY Und dann hat er mich begrapscht.

FERGIE Ja, er wollte dir Handschellen anlegen, weil du ihm die Nase gebrochen hast.

MADDY Siehst du! Sowas kann ich doch nicht auf mir sitzen lassen! *Zu Cleo.* Und jetzt mach mich endlich los!

CLEO Eigentlich wäre es besser für uns, wenn ich das nicht täte. Es ist vielleicht ganz gut, wenn Maddy mal ein paar Minuten niemanden umbringt.

FERGIE So schlecht war die Idee mit dem Maulkorb nicht. *Lacht.*

MADDY Sie kommen! Versteckt euch!

Die Capos stürmen hinter ein paar Kisten die in der Ecke der Bühne stehen. Agent O'Harrigan und zwei weitere Agenten stürzen in Trenchcoats und mit Hüten auf die Bühne.

O'HARRIGAN *wirft seinen Hut auf den Boden.* Es kann nicht sein! Wo haben sich diese Ratten jetzt schon wieder verkrochen? Und du *deutet auf Agent 1, überlegt, kommt aber nicht auf den Namen*, du bist schuld daran!

AGENT 1 Wenn ich die Hexe in die Finger bekomme, die mir die Nase gebrochen hat ... *Greift sich an die Nase und zuckt die Hand zurück, schmerzverzerrtes Gesicht.*

AGENT 2 *lacht* Das hat sie zurecht getan. Du hast sie begrapscht.

MADDY *erhebt sich kurz hinter der Kiste* Seht ihr! Ich hab's doch gesagt! *Duckt sich sofort wie-

der, als die Agenten sich durch das Geräusch alarmiert umblicken.*

O'HARRIGAN Ein wenig mehr Disziplin, Männer! Wisst ihr denn nicht, wen wir da vor uns hatten?

AGENT 1 **Kopfschütteln und zaghaftes** Nein. Weiß nicht. Keine Ahnung.

AGENT 2 **kopfschüttelnd.** Nicht im Geringsten.

O'HARRIGAN **tritt wütend auf seinem Hut herum.** Das hat man davon, wenn man die Frischlinge direkt von der Akademie bekommt. Das, meine Herren, waren die Capos von Baretta DiAngelo, dem schönen, aber nicht minder gefährlichen Kopf der Mafia hier in unserer Stadt.

AGENT 1 UND 2 **staunendes „Ahaen".**

O'HARRIGAN Wenn Sie beide nicht so viel Zeit damit zugebracht hätten, während der Festnahme mit den Verdächtigen anzubändeln und sich auf ihre Arbeit konzentriert hätten, wären uns alle drei ins Netz gegangen.

AGENT 1 **betretenes Schweigen, verlegenes zu-Boden-Starren.**

AGENT 2 Aber Sir, sie waren es doch, der die Verfolgung verzögert hat, weil er eine Pause einlegen musste.

O'HARRIGAN Wollt ihr Frischlinge von der Akademie MIR sagen, wie ich meinen Job zu machen habe? Also Agent *sucht nach dem Namen* ... Agent ... *sucht weiter*

AGENT 1 Miller, Sir. Agent Miller.

O'HARRIGAN Vielleicht sollte ich Sie lieber Agent „ich weiß, wie ich meinen Vorgesetzten so richtig sauer mache" nennen. Sie wissen genau, dass es nur eines negativen Berichtes von mir bedarf und Sie gehen wieder Streife.

AGENT 1 *erschrockener Blick.*

O'HARRIGAN *hebt seinen Hut auf und klopft ihn ab.* Dann sind wir uns also einig, dass Sie zwei die Verfolgung verbockt haben?

AGENT 1 UND 2 *nicken.*

O'HARRIGAN Gut, dass wir das geklärt haben.

Eine Pizzabotin kommt auf die Bühne und wendet sich an O'Harrigan.

PIZZABOTIN Haben sie eine Pizza Candelabro bestellt?

O'HARRIGAN Was?!

PIZZABOTIN Ich habe eine Lieferung für die Adresse hier und sie sehen aus, als würden sie eine Menge Pizza essen.

Agent 1 und 2 kichern.

O'HARRIGAN *nimmt Pizzabotin den Karton aus der Hand.* Ich werde auf das gute Stück aufpassen und sie dem Empfänger aushändigen. Und nun zieh Leine!

PIZZABOTIN Aber mein Geld …

O'HARRIGAN *lauter.* Zieh Leine! *Erhebt die Hand.*

Pizzabotin flüchtet von der Bühne.

O'HARRIGAN Und nun, wo ich eine Stärkung für den Weg habe, machen wir uns wieder auf die Suche. Sie müssen da entlang sein. *Deutet von der Bühne.* Mir nach!

Die FBI-Agenten verlassen im Laufschritt die Bühne.

PENNY *mit Marktschreierstimme.* Extrablatt! Extrablatt! Ist die Stadt wieder sicher? Mafiapatin am 19. September zu mehrjähriger Haftstrafe verurteilt! Extrablatt! Steht das organisierte Verbrechen vor dem Aus?

Die drei Capos kommen aus ihrem Versteck hervor.

MADDY *deutet auf Penny.* Hört ihr das? Es kann nicht sein, dass sich jetzt schon die Presse das Maul über die Zukunft unserer Familie zerreißt. Ich werde das kleine Miststück umbringen!

CLEO Du musst die Gelegenheit erkennen. *Öffnet die Handschellen.* SIE geht ins Gefängnis. Nicht wir. *Lässt die Handschellen klimpernd auf den Boden fallen.*

FERGIE Sie hat dicht gehalten. Kein Wort hat der Richter aus ihr rausbekommen.

Die anderen beiden nicken.

MADDY Aber wenn SIE nicht bald einen Nachfolger benennt, werden die Geschäfte einschlafen. Wie sollen wir Schutzgeld fordern, wenn sich niemand mehr fürchtet, weil von unserer stolzen Familie nichts weiter geblieben ist als eine Bande kleiner Gauner?

CLEO Ich werde IHRE Nachfolgerin. Da bin ich mir sicher. Es wird Zeit dafür, dass endlich eine starke Hand das Ruder führt.

FERGIE Und das soll deine Hand sein? *Lacht laut.* Du hast nicht einmal einen Spitznamen. Wir könnten ebenso gut dieses Zeitungsmädchen dort zum Chef machen.

CLEO Wie immer, meine liebe Fergie, liegst du mehr als falsch. Ich habe keinen reißerischen Spitznamen, weil ich keinen will! Fergie, die Fiese – wie hört sich das denn an? Für mich klingt das mehr nach einer Hustenerkrankung, als nach einem Capo der berüchtigten DiAngelo Familie. *Hält inne und genießt es sichtlich, wie Fergie sich über diese Äußerung ärgert.*

FERGIE Wenn du nicht ruhig bist, wird uns dein kurzer Name nur von Vorteil sein, denn *aufbrausend* dein Grabstein ist dann günstiger.

MADDY Ja ihr beiden, nur zu. Bringt euch gegenseitig um. Dann wäre nämlich auch gleich die Nachfolge der Chefin geklärt. *Deutet auf sich selbst.*

FERGIE UND CLEO GLEICHZEITIG DU?! *Sie beginnen zu lachen.*

MADDY Es wäre die logische Konsequenz …

FERGIE *lacht weiter.*

CLEO Mag sein, aber … du? *Stimmt wieder in das Gelächter mit ein.*

FERGIE *lachend.* Kehlenschlitzer Maddy, die Patin?

MADDY Ja! Hat das nicht einen besonderen Klang?

CLEO Ja. *Kann sich kaum noch halten.* Vor allem, wenn die Leute wüssten, dass dein Spitzname von den Verletzungen herrührt, die du dir täglich beim Entfernen deines Damenbartes zuziehst … *schlägt bei Fergie ein.*

MADDY Das ist überhaupt nicht wahr! Das war lediglich einmal der Fall …

FERGIE Vielleicht sollten wir dich ab jetzt als „die Bärtige" bezeichnen?

CLEO Ja, wir könnten durchs Land fahren und dich ausstellen. Dann bräuchten wir gar kein Schutzgeld mehr zu erpressen und könnten schon bald den Rockefeller als Butler beschäftigen.

MADDY *winkt ab.* Wir sollten uns nun wieder auf das Geschäft konzentrieren. SIE ist noch nicht im Gefängnis und wir haben noch eine Menge zu tun.

Gehen wir die Liste mit den Kunden *macht eine auffordernde Handbewegung* nochmal durch.

CLEO *immer noch lachend.* Nun gut. Wir müssen wirklich arbeiten. *Wischt sich die Tränen aus dem Gesicht.*

FERGIE Recht hast du. *Beruhigt sich.*

MADDY *zückt einen Notizblock und beginnt darin zu blättern.* Wie sieht es mit dem Schuppen vom alten Van Mortigan aus? Wirft dieser Saftladen noch was ab, jetzt wo es keinen Tropfen Schnaps mehr in der Stadt gibt oder hat er inzwischen endgültig den Sack zugemacht?

CLEO Van Mortigan ist ... ähm … du hast dem elenden Greis ein neues Paar Schuhe verpasst. *Macht Halsabschneidergeste.* Kannst du dich nicht erinnern, wie er gebettelt hat? Da ist nichts mehr zu holen.

MADDY *konzentriert.* Ja. Stimmt. *Schweift kurz in die Erinnerung ab und lächelt, hakt dann einen Namen auf der Liste ab.* Jacksons Wettbüro?

FERGIE Ist niedergebrannt, nachdem du eine Meinungsverschiedenheit mit ihm hattest. Da ist nichts mehr zu holen.

MADDY *hakt ab.* Ich erinnere mich. Der Hund hat mich begrapscht. *Hält kurz inne.* Das Restaurant von Bialamo? Der hat doch eine Menge Geld gemacht in der letzten Zeit. Da sollten wir auf jeden Fall etwas bekommen!

CLEO Das Geld hat er verwendet, um mit seiner Familie nach Italien zu flüchten, weil du ihm ein kaltes und nasses Grab auf dem Grund des Flusses angeboten hast. Da ist nichts mehr zu holen.

MADDY *hakt ab.* Das kann doch nicht wahr sein. Wenn wir heute wieder ohne Ergebnisse zu IHR zurückkehren, werden wir diejenigen sein, die sich auf dem Grund des Flusses wiederfinden.

FERGIE Vielleicht solltest du dir …

MADDY *unterbricht sie.* Der Waschsalon! Da brauchen wir nun ein paar Scheiben einzuschlagen und bekommen gleich die ganze Tageskasse.

CLEO Nachdem du dort hast einbrechen und die Waschmaschinen stehlen lassen um sie zu verkaufen, ging das Geschäft … *überlegt* in die Knie. Da ist nichts mehr zu holen.

FERGIE Liebste Maddalena …

MADDY Nenn mich nicht Maddalena.

CLEO Oh, ist Madame heute wieder empfindlich?

FERGIE Liebste Maddalena, als Chefeintreiberin unserer kleinen Familie solltest du vielleicht zukünftig darauf achten, dass du den ein oder anderen Schutzbedürftigen übrig lässt.

MADDY DU SOLLST MICH NICHT MADDALENA NENNEN! *Knurrt.*

CLEO Fergie hat aber Recht. Du hast niemanden mehr übrig gelassen, der um seine Sicherheit fürchten kann.

MADDY DOCH! Ich finde schon noch eine Geldquelle. *Sieht zu dem Zeitungsmädchen.*

FERGIE *zu Cleo.* Das kann doch nicht ihr Ernst sein.

MADDY *geht zu Penny.*

CLEO *lässt den Kopf hängen.* Doch, es ist ihr Ernst!

Maddy baut sich vor dem Zeitungsmädchen auf und sieht sie einschüchternd an.

MADDY Weißt du, wer ich bin?

PENNY Nein Madam, leider nicht. Sollte ich das? Möchten Sie eine Zeitung kaufen?

MADDY Das ist auch nicht so wichtig. Viel wichtiger ist doch, dass wir hier in einer gefährlichen Zeit leben und dass überall schreckliche Unfälle geschehen.

PENNY Eigentlich, Madam, sind die Straßen der Stadt sicherer als jemals zuvor.

MADDY *aggressiver.* Aber sie könnten wieder gefährlicher werden. Und dann wäre es doch schade, wenn gerade dir ein Unfall passieren würde. Für eine kleine, monatliche Zahlung können meine Kollegen *deutet auf Cleo und Fergie, welche sich peinlich berührt abwenden* deine Sicherheit garantieren.

PENNY Sie möchten Schutzgeld erpressen?

MADDY Schutzgeld? Was für ein böses Wort. Nennen wir es doch lieber eine Versicherung.

PENNY Aber was sollte mir denn passieren? Warum sollte ich mich denn versichern? Könnte ich mich bei Ihnen auch krankenversichern? Ich habe da diesen schlimmen Husten … *hustet*

FERGIE ZU CLEO Sollten wir einschreiten?

CLEO Nein, wir sollten warten und beobachten. Wahrscheinlich wird es damit enden, dass sie von der Göre eine Tracht Prügel bezieht …

FERGIE Ja, wahrscheinlich.

MADDY ZU PENNY *in Rage.* Pass auf, du kleines Miststück, ich sag es dir jetzt in aller Klarheit: entweder du zahlst oder aber wir brechen dir die Knie!

O'HARRIGAN (AUS DEM OFF) Da sind sie! Ergreift sie!

CLEO Es ist Zeit, einen Schuh zu machen.

FERGIE Meinst du nicht, es ist jetzt der falsche Augenblick für Handarbeit? Wir sollten lieber abhauen.

CLEO *schüttelt den Kopf.*

Cleo und Fergie schnappen sich Maddy und stolpern gerade noch rechtzeitig von der Bühne, bevor die FBI-Agenten ankommen.

O'HARRIGAN *wirft schnaubend den Hut auf den Boden.* Das kann doch nicht wahr sein! Die sind uns schon wieder entwischt. *Zu Penny.* Mädchen, wer waren die Leute, mit denen du eben gesprochen hast?

PENNY Sir, das waren Versicherungsvertreter.

O'HARRIGAN *reißt Agent 2 den Hut vom Kopf und tritt darauf herum.* Folgt mir, wir rücken ab.

Sie verlassen die Bühne.

Zweite Szene.

Penny steht vor der Bühne, während die Straße zum Büro von Baretta umgebaut wird. Shorty steht neben ihr.

PENNY Du muss laut und deutlich rufen, wenn du willst, dass sich deine Zeitungen verkaufen.

SHORTY *nickt.*

PENNY Pass auf, ich zeig es dir noch einmal und dann versuchst du dein Glück dort hinten an der Ecke, ja?

SHORTY *nickt.*

PENNY *ruft.* Extrablatt! Urteil von Baretta DiAngelo bestätigt. Staatsanwalt bestätigt 20-jährige Haftstrafe für die mächtigste Frau der Mafia. Extrablatt! Das organisierte Verbrechen der Stadt bald ohne Führung.

Zum Publikum. Jetzt ist es soweit. Die goldene Zeit der Mafia ist vorbei. *Blättert in einer ihrer Zeitungen.* Wenn man der Presse glauben darf. Aber Recht und Ordnung wird so schnell nicht wieder in die Stadt einziehen. Die Polizei hat dem Monster vielleicht den Kopf abgeschlagen. Doch nun werden die Aasfresser kommen und sich um den Thron streiten. Man kommt vom Regen in die Traufe. Vorher gab es einen Steckbrief und auf ihm war Baretta DiAngelo zu sehen, bald werden die Postämter voll sein mit den Gesichtern von all denen, die sich selbst zum neuen Paten machen wollen.

Baretta und Victoria betreten redend die Bühne. Victoria hat ein Klemmbrett in der Hand und trägt Baretta Zahlen vor.

PENNY *zu Shorty.* Da ist sie, die Königin des Verbrechens. Baretta DiAngelo. Angeblich hat sie einen Verehrer lebendig begraben lassen, nur weil er ihr Blumen geschenkt hat.

VICTORIA Wir müssen dringend über den Waffenhandel sprechen. Die Kubaner beschweren sich über den geringen Output und erwägen inzwischen schon, ihre Gelder fest zu binden und vor allem die Langwaffen inhouse herzustellen und mittelfristig ganz auf Outsourcing zu verzichten. Das wäre ein wirklich negativer Einfluss auf unseren Cashflow.

BARETTA *kauft bei Penny eine Zeitung.* Sei froh, dass niemand versteht, was du hier auf offener Straße über unsere Geschäfte von dir gibst.

VICTORIA *schaut sich ein wenig erschrocken um, als hätte sie nicht gemerkt, dass sie auf der Straße unterwegs sind.*

BARETTA *zu Penny.* Hier, nimm das und verschwinde. *Drückt Penny einige Scheine Geld in die Hand.*

Penny nimmt das Geld und flitzt mit Shorty von der Bühne.

BARETTA Lass uns ins Büro gehen und dort über die Kubaner sprechen.

Das Arbeitszimmer von Baretta DiAngelo. Baretta sitzt an ihrem Schreibtisch und ist in einen Stapel Unterlagen vertieft. Ein Telefon auf dem Tisch. Ihre Katze liegt zusammengerollt vor dem Schreibtisch.

BARETTA *kaut auf einer Zigarre herum und studiert konzentriert die Unterlage vor sich auf dem Tisch. Nach einigen Augenblicken winkt sie Victoria heran.*

VICTORIA Ja? *Tritt heran – die Katze faucht sie an – Victoria tritt wieder einen Schritt zurück.*

BARETTA Schau dir die Zahlen an. *Hält ihr einen Bogen Papier hin.*

VICTORIA *studiert die Zahlen.* Die Umsätze sind zurückgegangen. In allen Bereichen.

BARETTA Seit der Verurteilung! Es scheint mir beinahe so, als hätten die Leute Angst, mit uns Geschäfte zu machen.

VICTORIA Vielleicht ist der Markt gesättigt?

BARETTA Der Markt gesättigt? Glaub mir, meine Liebe, der Markt für Alkohol, Feuerwaffen und leichte Mädchen ist NIEMALS gesättigt.

VICTORIA Machen Sie sich keine Sorgen. Die Verurteilung wird von unseren Kreisen als strategischer Geniestreich gewertet.

BARETTA *aufgebracht.* Ein strategischer Geniestreich, der mich landesweit als Verräterin dastehen lässt. Ich verdanke es lediglich Capones Vorliebe für Blondinen, dass meine Position noch nicht anderweitig vergeben wurde und meine Leiche nicht auf dem Grund des Flusses verrottet.

VICTORIA *hebt beschwichtigend die Arme.* Es gab keinen anderen Weg. Das Schuldeingeständnis war die einzige Möglichkeit, den Richter davon zu überzeugen, dass Sie Ihr Fehlverhalten eingesehen haben und nach 20 Jahren geläutert in die Gesellschaft zurückkehren werden.

BARETTA 20 Jahre. *Schüttelt den Kopf.*

VICTORIA Sie hatten noch Glück. Mein Spitzel bei der Staatsanwaltschaft erzählte mir, dass das Bürgermeisteramt das alte Fort vor der Küste zu einem Gefängnis umbauen möchte.

BARETTA Alcatraz?

VICTORIA Ganz recht. Den Felsen.

BARETTA Dann lieber eine gemütliche Zelle im Bundesgefängnis.

VICTORIA Nach zehn Jahren sind Sie ohnehin wegen guter Führung wieder draußen. Das ist doch keine lange Zeit, wenn man bedenkt, wie alt Sie sind. Erst recht nicht in einem Bundesgefängnis.

BARETTA Was hast du gerade gesagt? *Die Katze faucht Victoria wieder an.*

VICTORIA Nichts Boss.

BARETTA *ernst.* Wenn zehn Jahre für dich so eine kurze Zeit sind, würde ich vorschlagen, dass ich meine Aussage vor Gericht nochmal ändere und du mich ins Gefängnis begleitest.

VICTORIA Nein, *stottert* das wird nicht notwendig sein. Jemand muss doch die Geschäfte in Ihrem

Sinne weiterführen, Boss. Außerdem ist ein Gefängnis kein Ort für mich. SIE, Boss, Sie haben ein dickes Fell, Haare auf den Zähnen, Sie sind eine Bestie …

BARETTA Ich glaube, ich habe verstanden. Komm zum Punkt.

VICTORIA Fürs Gefängnis fehlt es mir an …

BARETTA … Rückgrat?

VICTORIA *betreten.* Ja …

BARETTA *zückt eine neue Zigarre und hält kurz inne.* Kommen wir zurück zum Geschäft. Es gibt noch viel zu erledigen, bevor ich die Dienstgeschäfte abgebe. Ruf mir meine Capos.

VICTORIA *wandert zum Rand der Bühne und kehrt wenige Augenblicke später mit den Capos zurück. Die Capos stellen sich nebenander vor Baretta auf. Cleo beginnt direkt zu reden.*

CLEO Boss, es ist wirklich jedes Mal eine Freude, Sie zu sehen. Sie sehen erfrischt und entspannt aus.

BARETTA *fährt sie an.* Erfrischt und entspannt? Mädchen, falls dir die Ereignisse der letzten Wochen nicht mehr geläufig sind: Ich gehe für 20 Jahre ins Zuchthaus! Unsere Organisation nagt förmlich am Hungertuch und Capone persönlich hat ein Auge auf uns geworfen. Ich bin definitiv nicht erfrischt und entspannt.

CLEO Ja. Das war mir auch bereits aufgefallen. In den letzten Tagen schienen Sie mir sehr gestresst zu sein.

Fergie und Maddy lassen den Kopf hängen.

BARETTA Glaub mir, es ist besser für dich, wenn du jetzt den Mund hältst und nur noch antwortest, wenn du gefragt wirst. *Wendet sich an Victoria.* Wie kann so jemand auf der Straße so lange am Leben bleiben?

VICTORIA Ich kann es nicht sagen, Boss. Selbst Glück scheint mir in diesem Fall schon ein wenig unwahrscheinlich.

CLEO *setzt schmollende Miene auf.*

MADDY *haut Cleo auf die Schulter.* Gut gemacht. Wir sind nicht eine Minute hier und der Boss ist bereits nahe dran, dich unter die Erde zu bringen. Fergie, ist das ein neuer Rekord?

FERGIE *zückt ihren Notizblock und blättert.* Jo — das stellt selbst den 18. Mai in den Schatten.

Fergie und Maddy kichern.

CLEO Ihr werdet schon sehen …

BARETTA *hat dem Treiben genervt und mit verschränkten Armen zugesehen, holt scharf Luft und explodiert dann. Fegt die Unterlagen vom Tisch. Flucht auf Italienisch:"Ihr ziegenköpfigen Ochsen mit den Körpern von Pferden!"* Buoi con teste di capra su corpi di cavallo! *Lauter: Ich mache Koteletts aus euch und verfüttere sie ungebraten an die Haie!"* Farò cotolette di voi e le darò da mangiare crude agli squali! *Streichelt ihre Katze und wird noch lauter: Und die Haie lasse ich dann zu Dosenfisch verarbeiten!* E con gli squali ci farò pesce in scatola!

Wenn die Damen dann mit ihren Privatgesprächen fertig sind, könnten wir zum Geschäft kommen, ja? Ich komme mir vor wie in einem Kindergarten. Wenn es die aktuelle Situation zulassen würde, würdet ihr alle bereits den Teppich vollbluten.

Erschrockenes Tuscheln unter den Capos.

BARETTA VERDAMMT! Ruhe! *Die Katze faucht die Capos an.*

Die Capos sind ruhig – es ist einige Momente vollständig ruhig – dann muss Maddy niesen – handelt sich aber sofort böse Blicke von ihren Kolleginnen ein.

BARETTA *beruhigt sich.* Es geht doch. Kommen wir nun endlich zum eigentlichen Anlass für unser Treffen. Victoria, bitte.

VICTORIA Wie selbst auf der unteren Hierarchieebene angekommen sein dürfte, wird es in naher Zukunft einen Strukturwandel in unserer Organisation geben.

Verstehendes Nicken bei den Capos.

VICTORIA Der Boss wird uns in naher Zukunft zum Zwecke einer Haftstrafe verlassen. Diese Haftstrafe hat Baretta nur auf sich genommen, um die Organisation, das heißt euch, zu schützen.

CLEO Sie ist ja so edelmütig!

Maddy und Fergie fahren erschrocken zusammen und verbieten ihr den Mund.

BARETTA Unsere Geschäfte sind zu wichtig, als dass wir sie in der Zeit meiner Abwesenheit einfach ruhen lassen können. Es ist also zwingend erforderlich, dass ich bereits jetzt einen Nachfolger bestimme, der sich während meiner Zeit im Gefängnis um alles kümmert.

Ein Ruck geht durch die Capos, sie fangen an sich zu drängeln und knuffen sich gegenseitig.

MADDY *schiebt sich vor die anderen.* Ganz recht, Boss. Das ist eine vorausschauende und weise Entscheidung. Für diese wichtige Aufgabe kommt nur jemand in Frage, der sich in den Reihen dieser Gauner *schaut zu Fergie und Cleo und erntet dafür böse Blicke* durchsetzen kann. Notfalls mit Gewalt!

FERGIE *drängelt sich vor Maddy.* Viel wichtiger ist jedoch jemand, der den Überblick behält und die Struktur der Organisation versteht. Jemand, dessen Weitsicht der Ihren ähnlich ist.

CLEO *schiebt Fergie und Maddy beiseite.* Aber das Wichtigste ist doch, dass Ihr Vertreter, ebenso wie Sie, sich in den gehobenen Kreisen zu bewegen weiß und seine Ziele durch kluge Worte erreicht und nicht *deutet auf Maddy und schüttelt den Kopf* durch eine stetig wachsende Zahl Leichen.

BARETTA Ihr sagt also, ich solle einer von euch oder womöglich noch euch dreien die Führung über unsere Organisation überantworten?

CLEO Am besten mir – eigentlich ist es egal, Hauptsache ist nur, dass keine von den beiden es wird.

MADDY Boss, Sie werden doch nicht auf diese Heuchlerin hören? Auf der Straße sind Taten gefragt, nicht nur schöne Worte.

FERGIE Qualifikation ist von noch größerer Bedeutung. Diese beiden können nicht einmal fehlerfrei die Namen ihrer Opfer zu Papier bringen. Ich hingegen habe einen Abschluss.

MADDY Ja, als Diplom-Puppenspielerin …

FERGIE Und? Abschluss ist Abschluss.

Wildes Gerangel unter den Capos beginnt – Baretta deutet Victoria, die Papiere wieder auf den Tisch zu legen – Victoria leistet Folge.

BARETTA *wischt die Papiere wieder vom Tisch und brüllt.* Hier ist jetzt sofort Ruhe!

Die Capos hören nicht und raufen weiter. Es entsteht eine wilde Handgreiflichkeit.

BARETTA *zu Victoria.* Da könnte ich auch dieses kleine zerlumpte Zeitungsmädchen, dass vor dem Gebäude auf der Straße rumlungert, zu meinem Stellvertreter machen und es wäre gewiss kein größerer Fehler, als eine von denen.

VICTORIA *nickt.*

MADDY *horcht auf.* Dieses kleine Miststück? Boss, die hat es faustdick hinter den Ohren! Wenn ich sie in die Finger bekomme, dann … *wird von Fergie wieder in die Rauferei mit einbezogen.*

BARETTA *wieder zu Victoria.* Lass die drei erschießen.

Die Capos sind sofort still.

BARETTA Es geht doch. Ihr habt euch gerade selbst den Grund geliefert, warum ich keine von euch als Vertreterin bestimmen werde. Es würde keinen Tag dauern und ihr hättet euch die Köpfe eingeschlagen. Das ist nicht gut fürs Geschäft.

MADDY *oberlehrerhaft*. Manchmal ist Köpfe einschlagen sehr wohl gut fürs Geschäft …

BARETTA *ignoriert die Äußerung kopfschüttelnd.* Und deshalb fällt meine Wahl auf meinen Sohn.

Erstaunte Gesichter.

BARETTA Ganz recht. Ihr habt ihn vor langer Zeit für mich in Sicherheit gebracht. So war ausgeschlossen, dass er meinen Feinden zum Opfer fällt und gegen uns verwendet werden konnte. Nun ist es an der Zeit, dass ihr ihn aus der Obhut des Klosters zurückholt.

FERGIE Kloster?! Ihr Sohn ist in einem Kloster?

BARETTA Selbstverständlich. Ich erinnere mich noch, als sei es gestern gewesen, dass ich diese schwere Entscheidung treffen musste. Das Kloster war der beste und sicherste Ort für ihn. Ich hatte euch dreien den Auftrag gegeben, ihn dort abzuliefern.

CLEO *zu Fergie.* Du hast niemals etwas von einem Kloster gesagt.

FERGIE Wir haben ihren Sohn ja auch nie in ein Kloster gebracht …

MADDY Pscht … *zu Baretta* Richtig. Wir haben ihn ins Kloster gebracht. Und aus diesem Kloster werden wir ihn auch nun für Sie zurückholen. *Immer nervöser.* Er wird sich freuen, wo er doch die ganze Zeit im Kloster war. Die Mauern dieses Klosters …

CLEO *zu Maddy.* Der Boss hat es begriffen. *Zu Baretta.* Wir machen uns direkt auf den Weg, Boss.

FERGIE Aber das Kloster ist weit weg. Wir werden ein paar Tage unterwegs sein.

BARETTA Hauptsache, ihr bringt ihn mir zurück, damit er in meine Fußstapfen treten kann.

VICTORIA Boss, wir müssen los. Es gibt noch einige Angelegenheiten, die Ihrer ungeteilten Aufmerksamkeit bedürfen.

BARETTA Nun gut. Ihr drei *zu den Capos* seht zu, dass Adamo in absehbarer Zeit hier vor mir steht. *Zu Victoria.* Capone wird erfreut sein, dass mein eigen Fleisch und Blut meine Nachfolge antritt.

VICTORIA Ganz bestimmt. Er hat einen ausgeprägten „Familien-Sinn".

Victoria und Baretta verlassen die Bühne nach links. Die Katze faucht die Capos ein letztes Mal an und trottet hinterher.

CLEO *wartet, bis die beiden weg sind.* Was haben wir da nur angerichtet?

Es klopft.

FERGIE *fragend.* Herein?

Die Pizzabotin betritt die Bühne.

PIZZABOTIN Hat hier jemand eine Pizza „Drei Käseköpfe" bestellt?

Die Capos schauen sich an – Maddy zählt, merkt, dass sie drei sind und möchte auf Pizzabotin losgehen, wird aber von den anderen beiden zurückgehalten.

CLEO Nein, bestellt haben wir sie nicht, aber ich nehm sie dir gerne ab. *Nimmt der Pizzabotin den Karton aus der Hand.*

MADDY Und nun sieh zu, dass du Land gewinnst.

PIZZABOTIN Aber was ist mit meinem Geld?!

FERGIE Wir haben die Pizza nicht bestellt – also brauchen wir auch nicht zu bezahlen. Und jetzt verschwinde!

Pizzabotin geht mürrisch ab – die Capos warten, bis sie weg ist und setzen ihr Gespräch fort.

MADDY Ich möchte gar nicht wissen, wie der Boss reagieren wird, wenn du *zu Fergie* ihr beichtest, dass ihr Sohn anstatt in einem Kloster …

FERGIE *unterbricht sie.* Bist du des Teufels? Halt deinen vorlauten Mund! Sie wird es niemals erfahren. Nicht von mir und nicht von euch. Ist das klar?

Einvernehmliches Nicken.

FERGIE Dann machen wir uns jetzt besser auf den Weg.

CLEO *resigniert.* Was haben wir nur angerichtet?

Die Capos gehen ab.

Dritte Szene.

Penny steht vor der Bühne, während das Bühnenbild der letzten Szene ab- und das der Universitätsbibliothek aufgebaut wird.

PENNY **ruft** Extrablatt! Immer weniger Kinder treten beruflich in die Fußstapfen ihrer Eltern. Immer mehr wichtige Berufszweige sterben damit aus.

Außerdem: Nobelpreiskommitee streitet über die Einführung eines neuen Preises.

Zum Publikum. In manchen Fällen ist es auch besser, dass die Kinder nicht nach ihren Eltern kommen und nicht in deren Fußstapfen treten wollen.

Das Studierzimmer der Universität. Adamo DiAngelo ist mit Lernen beschäftigt.

ADAMO Es ist zum Haareraufen. Ich werde das niemals verstehen. **Wirft schmollend das Buch vom Tisch und nimmt ein anderes in die Hand.** Dabei ist es doch offenkundig, dass ich für Größeres bestimmt bin als für die dröge Wissenschaft. **Springt auf und geht lesend auf der Bühne hin und her, wobei seine Schritte nach und nach zu Tanzschritten werden und er letztlich über die Bühne tanzt.**

Am Broadway werde ich tanzen. Die Welt wird mir zu Füßen liegen.

TANZ: Adamo

Tanzt weiter, summt die Melodie von „I am singing in the Rain" und bemerkt nicht, dass die Nerds die Bühne betreten haben. Die Nerds schauen sich fragend an, unterbrechen ihn aber nicht.

LAVERNE Was haben wir nur falsch gemacht? Diese ganze Broadway-Sache lässt ihn nicht mehr los.

SHELDON Wie immer, liebe Laverne, ist deine Aussage wenig präzise. Genau genommen ist die Ursache nicht bei uns zu suchen. Ich vermute hier eher eine latente Psychose.

COOPER *zu den beiden Nerds.* Da müssen wir jetzt durch. *Laut und oberlehrerhaft zu Adamo.* Wenn er die Prüfung nicht besteht, erfolgt die unmittelbare Exmatrikulation!

ADAMO *total erschrocken - stotternd.* Ich lerne! *Senkt das Buch in seiner Hand und haut den Nerds die Definition um die Ohren.* Plutokratie oder Plutarchie ist eine Staatsform, in der die Herrschaft durch Vermögen legitimiert wird, also die Herrschaft des Geldes. Politische Rechte werden anhand des Einkommens vergeben. Die Plutokratie ist eine

Unterform der Oligarchie. *Hält inne.* Und, seid ihr jetzt stolz auf mich?

COOPER Er meint das nicht ernst.

LAVERNE Oh doch, er meint das ernst.

SHELDON *tadelnd.* Adamo DiAngelo, bist du dir eigentlich bewusst, dass es ein hohes Privileg ist, dass die Damen einer Institution wie der, die du dein Zuhause nennst, dir eine universitäre Bildung ermöglichen? Mir persönlich drängt sich der Eindruck auf, dass es dir an der notwendigen Ernsthaftigkeit mangelt, in die Sphären akademischer Erleuchtung vorzudringen. Schlichtes Auswendiglernen hat noch niemandem zu wahrer Größe verholfen.

ADAMO Ich möchte auch keine wahre Größe erreichen – ich will tanzen …

SHELDON Du bestätigst meine Hypothese, Adamo DiAngelo. Du bist dir des Privilegs in keiner Weise bewusst.

ADAMO Doch, Sheldon, ich bin mir wohl bewusst, dass ich Riesenglück habe. Immerhin hast du es in den letzten Tagen bereits eine halbe Million Mal erwähnt. Aber meine Stärke sehe ich ganz klar woanders, als in den Wirtschaftswissenschaften. Der Deal ist: ich bestehe die Abschlussprüfung und als

Belohnung stellt mich Madame Sugar einem ihr wohlbekannten Broadway-Produzenten vor.

SHELDON Meiner Ansicht nach kann man eine derartige Großzügigkeit nicht oft genug honorieren. DU jedoch studierst nur, um anschließend Tänzer zu werden. Das Wichtigste jedoch ist: sie müssten es eigentlich nicht tun.

ADAMO *gekränkt.* Du meinst, weil sie mich als Baby auf ihrer Treppe gefunden haben?

SHELDON Zumindest sind deine leiblichen Eltern fein raus. Ich beneide dich wirklich darum.

LAVERNE *zu Cooper.* Jetzt kommts.

SHELDON Um mein Studium zu finanzieren, muss meine Mutter als Putzkraft arbeiten …

COOPER … bei meinen Eltern im Haus.

SHELDON Und mein Vater muss für die Army Knöpfe schnitzen. Könnt ihr euch vorstellen, was für eine monotone …

COOPER UND LAVERNE IM CHOR *genervt.* … Tätigkeit es ist, tagein tagaus aus diesem langweiligen schwarzen Kunststoff Vierlochknöpfe zu schnitzen? Er bekommt einen Vierteldollar für 100 Stück. Und meine Mutter näht sie an die Uniformen.

Nachts. Nach dem Putzen. Alles für Sheldon, den einzigen Sohn und die große Hoffnung der Raketenwissenschaft.

SHELDON *schmollend.* Raketenwissenschaft? Dann könnte ich genauso die Schuhe von Obdachlosen putzen. Ich bin Physiker!

LAVERNE Als ob du jemals auch nur einen Cent mit dieser brotlosen Disziplin verdienen würdest.

SHELDON Ich werde die Welt verändern! Mit der Physik und dank meiner genialen Erfindungen.

COOPER Woran arbeitest du denn dieses Mal?

SHELDON Ich werde die Freizeit revolutionieren!

COOPER Die Freizeit? Was willst du tun? Die Arbeit abschaffen?

SHELDON Ignorant! Ich arbeite an einer Methode, Musik auf kleinen Magneten zu speichern und diese in mobile Apparaturen einzusetzen. Jeder könnte also überall Musik hören. Die ganze Zeit. Und ich nenne das Ganze dann I …

COOPER *unterbricht Sheldon.* Was für ein Riesenunfug. Sheldon, im Ernst, wir sollten dich einweisen lassen. Deine Ideen werden immer absonderlicher.

LAVERNE Lieber Sheldon, deine Idee ist riesiger Quatsch. Niemand wird sich für so ein Gerät interessieren. Kein Mensch mit Verstand würde es je haben wollen.

ADAMO Also ich würde so ein Gerät kaufen. Dann könnte ich immer und überall tanzen … *Schwebt mit ein paar eleganten Tanzschritten über die Bühne.*

LAVERNE Ich sag ja: niemand mit Verstand!

SHELDON Ihr habt wohl recht. Das ist kein Projekt mit Zukunft. Ich sollte meine Forschungen wieder auf Zeitreisen konzentrieren. *Zerreißt seine Pläne.* Dann kann ich in die Zukunft reisen und sehen, was erfolgreich ist. Und dann werde ich der größte Wissenschaftler aller …

LAVERNE *unterbricht ihn – Sheldon schaut beleidigt.* Ich, Laverne Brown werde den Nobelpreis in Mathematik gewinnen und schon bald auf dem Einband von Schulbüchern zu sehen sein.

COOPER Und wie jedes Mal werfe ich an dieser Stelle ein, dass es keinen Nobelpreis der Mathematik gibt.

LAVERNE Und wie jedes Mal entgegne ich an dieser Stelle, dass man ihn für mich einführen wird.

ADAMO *war bis dahin in die Bücher vertieft.* Und wie jedes Mal bitte ich euch an dieser Stelle darum, euch nun endlich meiner Nachhilfe zu widmen. Ihr drei seid bereits Genies *zustimmendes Nicken durch die Nerds*, und ich bin im Moment noch nicht einmal auf dem richtigen Weg.

Die Nerds lachen.

ADAMO Was gibt es da zu lachen? Ich muss lernen. Ihr müsst mir helfen. Und wenn ich die Abschlussprüfung schaffe, darf ich auf die Tanzschule gehen. Und dann stelle ich euch meinen Damen vor.

Die Nerds schweifen in ihre verdorbenen Fantasien ab. Laverne rollt angenervt die Augen.

ADAMO Warum habt ihr also gelacht?

LAVERNE Mathematisch gesehen ist die Entwicklung von deiner Stufe des Wissens zu einem Genie keine Strecke, sondern eine Gerade und ebenso unendlich.

Wieder kichern die Nerds.

COOPER Ganz ehrlich, Adamo: du bist ein begnadeter Tänzer, ein passabler Sänger, aber es ist wahrscheinlicher, dass unser Sheldon hier mit seiner *ironisch* achso hochgelobten Physik einmal berühmt wird, als dass du ein Genie wirst.

ADAMO Dafür habe ich keine Angst vor Käfern oder Frauen. *Zickt und haut Cooper auf die Schulter.*

COOPER Das ist eine tief verwurzelte Phobie. Daran kann ich nichts ändern. *Haut zurück – Adamo fällt beinahe um.*

ADAMO Das heißt, das Schlimmste auf der Welt für dich sind … weibliche Käfer ? (*Cooper zuckt bei jedem Wort mehr zusammen.*)

TANZ der Käfer

SHELDON Meine Herren, besteht eine, wenn auch gegen Null strebende Chance, dass wir diese kleine komödiantische Episode nun beenden und uns wieder dem ausstehenden Lernstoff von Adamo zuwenden?

COOPER Richtig. Wir müssen weitermachen. Die Prüfung ist bereits … *zu Laverne* Wann ist die Prüfung?

LAVERNE *schiebt übertrieben lange an ihrem Rechenschieber rum.*

COOPER Laverne?

LAVERNE *murmelnd.* Moment noch. Stört mich nicht. *Schiebt weiter.*

*Die anderen beginnen Däumchen zu drehen –
Adamo wirft einen Papierflieger durch die Gegend
und summt wieder „I S I T R“.*

LAVERNE Nächste Woche.

ADAMO *stark verwirrt.* Was genau hast du da
gerade getan?

COOPER Das willst du gar nicht wissen. Mathematiker sind doch immer ein wenig weltfremd. Ihnen
fehlt einfach das grundlegende Verständnis für das
Universum.

LAVERNE Ich halte „ein wenig“ für eine kaum treffende Formulierung. Und was meinst du mit fehlendem Verständnis für das Universum?

SHELDON Du bist Mathematiker und beherrscht
damit die Lehre der Zahlen. Ich bin Physiker und
habe somit ein Verständnis für das Universum und
alles, was es beinhaltet.

LAVERNE Sheldon, das kann nicht dein Ernst sein.

SHELDON Ich bin immer ernst.

COOPER *zu Adamo.* Siehst du?

SHELDON *energisch.* Meine Herren! Was soll
unser Freund hier von uns denken, wenn er sieht,

wie die beiden zweitklügsten Köpfe der Universität mit nichts anderem beschäftigt sind, als ihren belanglosen, dilettantischen und nicht im Ansatz wissenschaftlichen Kleinkrieg zu führen? Stattdessen sollten wir lieber …

ADAMO … in die Milchbar gehen und uns einen Shake gönnen? Gute Idee, Sheldon. Ich kann die Bücher nicht mehr sehen. Und ein wenig Sonnenlicht *die Nerds zucken bei dem Gedanken zusammen* würde euch auch guttun. Außerdem wartet bald das Essen auf mich.

COOPER Die Damen haben dich ziemlich im Griff, oder? Steht da etwa jemand unter dem Pantoffel? *Haut Adamo auf die Schulter.* Du darfst ja nicht einmal Tänzer werden, ohne dass sie dir den Weg dorthin vorschreiben.

ADAMO Lieber unter dem Pantoffel stehen, als Panikattacken bekommen, wenn eine kleine nette alte Dame mich bittet, ihr über die Straße zu helfen. *Haut Cooper auf die Schulter – dieser fällt beinahe um.*

COOPER Das ist eine tiefverwurzelte Phobie. Das Wort heißt PHO-BIE. Das ist …

SHELDON *betet rasend schnell vor.* … eine krankhafte, das heißt unbegründete und anhaltende Angst

48

vor Situationen, Gegenständen, Tätigkeiten oder Personen, in diesem Fall Frauen und Käfer, allgemein vor dem phobischen Stimulus. Sie äußert sich im übermäßigen, unangemessenen Wunsch, den Anlass der Angst zu vermeiden. *Holt Luft und redet wieder langsamer.* Können wir dann jetzt gehen?

Adamo packt die Bücher zusammen. Die Nerds gehen ab, Adamo tanzt locker neben ihnen von der Bühne.

Zweiter Akt

Erste Szene.

PENNY *ruft* Extrablatt! Extra… *wird durch Shortys Auftritt unterbrochen.* Was machst du denn hier? Du solltest doch drei Ecken weiter dein Glück finden.

SHORTY *zieht Penny am Ärmel, damit die sich herunterbeugt und flüstert ihr etwas ins Ohr.*

PENNY Was?! Du hast nicht eine Zeitung mehr? Du bist mir ein Naturtalent. Nimm noch welche von meinen. *Gibt ihr einen Teil ihres Stapels.*

SHORTY *macht sich von dannen.*

PENNY Die Konkurrenz wird immer stärker. *Lacht.* Dann wollen wir mal:*ruft* Extrablatt! *Besonders betont und langgezogen.* Extrablatt! Korruption und Verrat in den Reihen von Polizei und FBI! Immer mehr Gesetzeshüter stehen auf der falschen Seite des Gesetzes und auf der Gehaltsliste der Mafia.

Außerdem: Die Mafia nagt am Hungertuch – selbst Zeitungsmädchen werden jetzt erpresst.

Zum Publikum. Ja, so ist das in dieser verrückten Zeit. Die Mafia macht im Grunde, was sie will und die Polizei sieht nicht nur zu, sondern hält auch noch die Hand auf. Korruption ist ein lohnendes Geschäft geworden und scheint viel wichtiger als Moral, Recht und Ordnung. Wo soll das nur enden? *Geht ab.*

Das Büro von O'Harrigan. Agent 1 putzt ihm die Schuhe, Agent 2 maniküert seine Nägel.

O'HARRIGAN Die Verbrechensbekämpfung ist ein aufreibender Job. Man muss schon mit Herz und Seele ein Gesetzeshüter sein, um diesen Krieg tagein tagaus durchzustehen. *Zu Agent 1.* Ist es nicht so, Agent Fillmore?

AGENT 1 Miller, Sir.

O'HARRIGAN Was?

AGENT 1 Mein Name ist Miller, Sir. *Hält inne.*

O'HARRIGAN Wie dem auch sei. Aber Sie stimmen mir zu, Keller? *Deutet ihm, weiterzumachen.*

AGENT 1 Uneingeschränkt. *Macht ein genervtes Gesicht und poliert weiter die Schuhe.*

AGENT 2 *kichert.*

O'HARRIGAN *zu Agent 2.* Wo bleibt eigentlich die Kandidatin für unsere nächste Vernehmung? Sollten Sie sich nicht darum kümmern, dass sie pünktlich hier ist?

AGENT 2 Aber Sir, Sie haben mir unmissverständlich zu verstehen gegeben, dass Ihre Fingernägel oberste Priorität haben. Sie sagten, dass es auf jedes Detail ankommt und dass ein Mann von ihrem Range tadellos aussehen muss, wenn er Baretta DiAngelo hinter Gitter bringt und die Presse sich auf ihn stürzt.

O'HARRIGAN Dazu müssen wir aber noch einige Beweise sammeln, denn sonst zieht die alte Hexe ihren Kopf noch aus der Schlinge. Sie hat die besten Anwälte, die man für Geld kaufen kann. Also brauchen wir die besten Zeugenaussagen.

AGENT 1 Sir, uns gehen die Zeugen aber langsam aus. Entweder verschwinden sie spurlos … *wird von O'Harrigan unterbrochen.*

O'HARRIGAN Sie verschwinden, weil dieses Miststück sie aus dem Weg räumen lässt. Mich würde nicht wundern, wenn wir in der Zeit nach dem Prozess Dutzende von ihnen im Fluss finden. Mit Zement an den Füßen.

AGENT 2 … oder sie sind nicht willens, die Lügengeschichten zu erzählen, die wir ihnen in den Mund legen wollen.

O'HARRIGAN *aufgebracht.* Lügengeschichten? Smith, sie stellen uns aber in einem schlechten Licht dar. Wenn wir für Recht und Ordnung sorgen wollen, müssen wir jedes Mittel nutzen, dass uns zur Verfügung steht. Selbst, wenn wir dafür das Gesetz brechen müssen.

AGENT 2 Mein Name ist …

O'HARRIGAN Schnickschnack. Und nun holen sie die nächste Zeugin rein.

AGENT 1 *ruft in Richtung des Ausgangs.* Betty, ist unser nächster Gast bereits da?

Betty kommt auf die Bühne, trägt einen dicken Stapel Unterlagen.

BETTY Agent O'Harrigan, Madame Sugar ist da. Soll ich sie hereinführen?

O'HARRIGAN Das wird auch Zeit. *Zu Betty.* Sie soll reinkommen.

BETTY Ja, Sir. *Geht ab.*

O'HARRIGAN *zu Agent 1.* Meinen diese Zeugen, dass wir nichts Besseres zu tun haben, als den ganzen Tag auf sie zu warten?

Betty kehrt mit Madame Sugar zurück. O'Harrigan springt überzogen höflich auf, so dass Agent 1 umfällt. Betty geht ab.

O'HARRIGAN *überzogen freundlich.* Madame Sugar, herzlich willkommen in unseren heiligen Hallen. Ich hoffe, ihr Weg hierher war nicht zu umständlich.

MADAME SUGAR Keineswegs, Agent O'Harrigan. Oder darf ich Sie „Schätzchen" nennen?

O'HARRIGAN *knurrt.* Nein.

MADAME SUGAR Nun gut, Agent O'Harrigan. Dann erklären Sie mir bitte, warum ich hier bin. Mir ist der Anlass ihrer Vorladung ein wenig schleierhaft.

O'HARRIGAN Vorladung? Was für ein böses Wort. Sehen Sie es doch vielmehr als Einladung. Eine Einladung zu einem guten Bekannten, um ein wenig in Erinnerungen zu schwelgen und über eine gemeinsame Freundin zu plaudern. *Stellt sich hinter sie.* Darf ich Ihnen einen Stuhl anbieten? *Drückt sie deutlich sichtbar auf den Stuhl nieder.*

MADAME SUGAR Sie können sich die Mühe sparen, O'Harrigan. Auch wenn ich diese Schlange DiAngelo mehr verachte als irgendjemand sonst, werde ich unter keinen Umständen gegen sie aussagen. Was wäre mein Wort auf der Straße noch wert, wenn alle wüssten, dass ich, *dramatisch* Madame Sugar *dramatisch Ende* mit einem Bullen zusammenarbeite und unsere Patin verpfiffen habe?

O'HARRIGAN Wenn das so ist … *deutet Agent 1 und 2 an, den Raum zu verlassen und wartet, bis sie draußen sind.* Wenn das so ist, sollten wir das Gesprächsthema ein wenig verlagern. *Schaltet die Schreibtischlampe ein und richtet sie auf Madame Sugar – die Lampe klappt runter – er richtet sie auf – die Lampe klappt runter – er richtet sie auf – die Lampe hält.*

MADAME SUGAR Was soll das?

O'HARRIGAN Sie haben mein Angebot abgelehnt, wie Freunde zu plaudern. Wenn Sie nicht mein

Freund sein wollen, sind Sie eine Verbrecherin. Es ist ja kein Geheimnis, welcher Art von Gewerbe Sie in Ihrer schönen Villa nachgehen.

Die Lampe klappt runter und O'Harrigan beginnt genervt, daran herumzufummeln.

MADAME SUGAR *amüsiert sich über die Lampe.* Ist es das nicht? Special Agent O'Harrigan, schauen Sie in die Bücher. Es handelt es sich um eine Privatschule für junge Mädchen.

O'HARRIGAN *springt zornig auf und brüllt sie an.* Für wie dumm halten Sie mich eigentlich, Sugar? Meinen Sie, nur weil ich ein Mann des Gesetzes bin, werde ich Sie mit Samthandschuhen anfassen?

MADAME SUGAR In der Tat. Das werden Sie.

O'HARRIGAN Nein, meine Liebe, das werde ich bestimmt nicht tun. Entweder Sie sagen gegen DiAngelo aus, oder aber ihre „Privatschule für junge Mädchen" wird in einem tragischen Feuer bis auf die Grundmauern niederbrennen. Und Sie und all ihre „jungen Mädchen" werden bei diesem dramatischen Vorfall ums Leben kommen. Haben Sie mich verstanden?! *Die Lampe klappt runter – O'Harrigan schmettert sie vom Tisch.*

MADAME SUGAR *nickt.* Ich habe verstanden …

O'HARRIGAN **fällt ihr ins Wort.** Sehr schön. Sie sind also doch nicht so dumm, wie Sie aussehen.

MADAME SUGAR **eiskalt.** ... ich habe verstanden, dass Sie sich selbst für Erpressung nicht zu schade sind und, dass Ihnen jedes Mittel recht ist, Baretta DiAngelo hinter Schloss und Riegel zu bringen. **Steht auf und baut sich vor O'Harrigan auf.** Ich frage mich dabei nur, ob ihr Vorgesetzter, der Staatsanwalt und der Richter weiterhin so begeistert von ihrer Motivation wären, wenn sie den wahren Grund für ihren Hass auf DiAngelo kennen würden.

O'HARRIGAN **rastet aus.** Ich warne dich, du kleine Hure. Wenn du nur ein Wort darüber verlierst, dann werde ich dich ... **packt sie am Kragen und hebt sie hoch.**

MADAME SUGAR **weiterhin eiskalt und unbeeindruckt.** Was werden sie tun, Special Agent O'Harrigan? Mich verprügeln? Mir drohen? Meinen Mädchen nachstellen?

O'HARRIGAN **schnappt vor Wut nach Luft.** Ich werde ... **schubst Sugar brutal zu Boden.**

MADAME SUGAR **rappelt sich auf und klopft sich den Staub von der Kleidung.** Sie werden in ihr Bild in der Zeitung sehen und ihre ganze Geschichte daneben lesen können. Und schon am selben Abend sind sie ihre Marke los und werden unten an der Ecke Schuhe putzen. Oder hatte ich etwa vergessen, dass beinahe alle leitenden Angestellten ihres ehrenhaften FBIs zu großen Befürwortern meiner Schule zählen? Darunter ist auch ihr Abteilungsleiter. Ich würde so weit gehen, ihn als einen persönlichen Freund zu bezeichnen, wenn sie wissen, was ich meine.

O'HARRIGAN *baff.*

MADAME SUGAR ICH mache nun IHNEN ein Angebot. *Zieht ein Bündel Geld aus der Tasche.* Sie werden dieses kleine Geschenk zur Erhaltung unserer Freundschaft annehmen und im Gegenzug einfach vergessen, dass ich auch nur die kleinste Information über Baretta DiAngelo habe. Sie werden mich und meine Mädchen in Ruhe lassen und wir alle sind glücklich und zufrieden.

O'HARRIGAN *starrt das Geld an.* Ich bin ein ehrlicher Mensch. Ihre Bestechung wird nicht … *Sugar zieht ein weiteres Bündel aus der Tasche – ohne zu zögern greift O'Harrigan sich das Geld.* Ihre Bestechung wird nicht wirkungslos sein.

MADAME SUGAR Dann sind wir im Geschäft?

O'HARRIGAN *zählt das Geld und antwortet geistesabwesend.* Jaja.

MADAME SUGAR Sehr schön. *Dreht sich um und geht ab.*

Agent 1 und 2 kommen zurück auf die Bühne.

AGENT 1 Haben sie es der Puffmutter gezeigt, Sir?

O'HARRIGAN *steckt das Geld hastig weg.* Oh ja, Weller, der habe ich es so richtig gezeigt. *Geht ab.*

AGENT 1 Ich heiße MILLER! *Geht ab.*

Zweite Szene.

Umbau zum Bordell, während Penny redet.

PENNY *ruft.* Extrablatt! *Besonders betont und langgezogen.* Extrablatt! Vollmundige Wahlversprechen vom Bürgermeister. Er sagt „Wählt mich wieder und ich baue ein neues Kinderkrankenhaus und sage der Prostitution den Kampf an".

Außerdem: Nachfolge der Mafia-Patin DiAngelo noch immer nicht geklärt.

Zum Publikum. Wer's glaubt, wird selig. So viele Schlagzeilen über die alten Gauner hab ich schon gerufen und am Ende war es doch alles gelogen. Mich würde es nicht wundern, wenn er selbst der beste Kunde in diesem Freudenhaus *deutet an den rechten Rand der Bühne* hier wäre. *Geht ab.*

Das Bordell wird aufgebaut. Die Huren warten auf Adamo, es ist gerade Ruhe.

MADAME SUGAR *klatscht in den Hände.* Hopp, hopp hopp … na los Mädchen, kommt schon, bewegt euch. Ihr müsst arbeiten.

TANZ der Huren

CHERRY *kommt angelaufen.* Aber es ist noch viel zu früh. Selbst unsere Stammkunden sind noch auf der Arbeit.

HONEY *kommt aus der anderen Richtung.* Und Chefin, *naiv* wenn keine Männer da sind, können wir doch auch nicht arbeiten. Wie soll das denn gehen?

MADAME SUGAR Wenn keine Männer da sind, könnt ihr nicht arbeiten? Als ich noch in eurem Alter war und mir meine Sporen in unserem *macht mit den Fingern Anführungszeichen* Geschäft verdient habe, gab es immer was zu tun. Die Zimmer herrichten, die Kleider flicken und zur Not auch staubwischen.

CHERRY Staubwischen?

HONEY Wir sind doch Huren, keine Putzfrauen!

MADAME SUGAR Ihr wisst gar nicht, wie gut ihr es habt! Damals unter Madame Flavie-Fayette gab es sofort Prügel, wenn man untätig in der Gegend herum stand. Also: wenn Männer im Haus sind, verdient ihr euer Geld als Huren, aber *schaut sich um* solange keine Männer da sind, seid ihr Putzfrauen.

Es klopft.

MADAME SUGAR Ja bitte?

Pizzabotin betritt die Bühne.

PIZZABOTIN Hat hier jemand eine Mehrkornpizza mit laktosefreiem Käse, ohne Fleisch, scharfem Gewürz, Tomaten und Zwiebeln bestellt?

CHERRY *möchte sich zaghaft melden, jedoch Madame Sugar kommt ihr zuvor.*

MADAME SUGAR Pizza?! Hier in meinem Haus? Willst du, dass meine Mädchen fett werden und kein Geld mehr bringen? Nein, nein, nein! Deine Pizza ruiniert mein Geschäft! Mach, dass du rauskommst!

PIZZABOTIN Und was ist mit meinem Geld?

MADAME SUGAR Du kannst froh sein, dass ich kein Geld von dir als Entschädigung für das hier *sucht *ein Fettpölsterchen an Cherry* nehme! Verschwinde!*

Pizzabotin geht ab.

MADAME SUGAR Und nun ran an die Arbeit! Ich werde mal schauen, wo unser lieber Adamo bleibt. **Geht ab.**

CHERRY **stöhnt, schnappt sich dann aber einen Staubwedel und beginnt ÜBERTRIEBEN lieblos mit dem Abstauben des Raumes, während Honey lediglich gelangweilt herumsteht und an ihren Haaren spielt.**

HONEY Das ist langweilig.

CHERRY Honey, es wird nicht besser, wenn du mir nicht hilfst.

HONEY Ich und helfen? **Affektierte Handbewegung.** Meine Liebe, ich bin doch sowieso nicht mehr lange hier.

CHERRY Stimmt. Wenn du nicht langsam anfängst, hier sauber zu machen, wird Madame Sugar dich mit einem kräftigen Tritt rauswerfen.

HONEY **wichtigtuerisch.** Soll sie nur. Ich habe doch schon etwas viel Besseres gefunden. Es ist nur noch eine Frage von Tagen.

CHERRY Ach ja? Ist das so? Was hast du kleines Früchtchen denn so Großes gefunden? *Pustet ihr den Staub aus dem Wedel ins Gesicht.*

HONEY *hustet – und versucht mit der Hand den Staub abzuwehren.* Ich erzähl es dir nur, wenn du versprichst, Madam Sugar nichts davon zu verraten.

CHERRY *nickt*. Nun rück schon raus mit der Sprache.

HONEY Also gut. *Dramatische Pause und kindlich naive Freude beim Erzählen.* Neulich war doch der Bürgermeister hier. Erinnerst du dich?

CHERRY Das ist er doch ständig.

HONEY Aber sonst ist er immer bei Candy. Doch diesmal war er bei mir.

CHERRY Und? *Gelangweilt.*

HONEY Nun, er hat mir kein Trinkgeld gegeben.

CHERRY Bravo. *Macht weiter sauber.*

HONEY Und weißt du, warum nicht?

CHERRY Na, dafür fiele mir jetzt nur ein Grund ein. Du warst nicht überzeugend genug. *Grinst lüstern.*

HONEY NEIN! Es ist viel besser. *Aufgeregt.* Er hat gesagt, dass er das Geld, das er der Stadtkasse spart, wenn er mir kein Trinkgeld gibt, dazu verwenden wird, ein neues Kinderkrankenhaus zu bauen.

CHERRY Oh … wie nobel von ihm. Und natürlich sollst du die Chefkinderkrankenschwester werden? *Rollt mit den Augen.*

HONEY RICHTIG! Ist das nicht der Wahnsinn? Ich wollte schon immer Kinderkrankenschwester werden.

CHERRY Schätzchen, du bist noch ein Kind – und ein dummes obendrein. Meinst du nicht, dass er diese Geschichte jeder von uns schon erzählt hat? *Legt den Wedel weg und beginnt, zu fegen.*

HONEY Aber dieses Mal ist es etwas anderes … das hat er auch gesagt. Und wenn ich ein paar Mal umsonst für ihn tätig werde, dann geht es noch viel schneller.

CHERRY *lässt den Kopf hängen.* Du glaubst das doch nicht ernsthaft, oder?

HONEY Er hat gesagt, dass ich dann sogar irgendwann seine Assistentin werden kann.

CHERRY Ganz bestimmt hat er das. Und vielleicht wirst du dann auch Bundesrichterin?

HONEY Ja! *Hüpft umher.* Ich freu mich ja so, dass du dieses Potenzial auch in mir siehst …

CHERRY Wir lassen das wohl besser. Euer Ehren könnte jetzt bitte diesen Besen nehmen und ein wenig kehren. Den Richterhammer bekommst du dann später, wenn wir die Dachrinne reparieren. *Drückt ihr den Besen in die Hand.*

HONEY *mürrisch.* Wenn es denn sein muss.

In diesem Moment kommt Madame Sugar auf die Bühne.

MADAME SUGAR *fährt CHERRY an.* Habe ich nicht gesagt, dass ihr euch nützlich machen sollt?

CHERRY *schaut entgeistert aus der Wäsche und stammelt.* aber ich habe doch …

MADAME SUGAR … nichts hast du. Untätig rumstehen tust du. Nimm dir ein Beispiel an Honey. Die ist noch jung und strebsam.

HONEY *fegt übertrieben, als hätte sie nie etwas anderes im Sinn gehabt.* Ganz recht.

CHERRY Wo ist denn eigentlich Candy? Die arbeitet auch nicht.

MADAME SUGAR Candy hat im Gegensatz zu euch Schattengewächsen bis eben Kundschaft gehabt und Umsatz gemacht. Ich kann es euch nur nochmal sagen: ihr müsst die Kunden an euch binden. Wenn ihr nicht wisst, wie ihr einen Mann dazu bringt, wiederzukommen, euch aus der Hand zu fressen und dafür noch ein dickes Bündel Geldscheine dazulassen, werde ich es euch gerne erklären.

CHERRY *genervt.* Nur zu …

HONEY *fleißig fegend und motiviert.* Ja, nur zu.

MADAME SUGAR Damit ein Mann alles für eine Frau tut, und letztlich ist es genau das, was ihr erreichen wollt, ist eine Menge Fingerspitzengefühl, Sensibilität und nicht zuletzt auch die richtige Portion Verständnis für die Bedürfnisse des starken Geschlechts nötig. Das Ganze wird dann zu Madame Sugars Geheimrezept für die totale männliche Abhängigkeit. Also passt auf …

In diesem Moment kommt Candy auf die Bühne. Sie zählt ein Bündel Banknoten.

CANDY Meine Güte, das war ein Ritt. *Wischt sich den Schweiß von der Stirn.* Die Männer sind wie Puppen und wir müssen nur an ihren Fäden ziehen *zwinkert* – erzähl mir nochmal einer was von Fingerspitzengefühl, Sensibilität und Verständnis. Letztendlich braucht man nichts weiter als die hier. *Fasst sich an die Brüste.* Leicht verdientes Geld.

MADAME SUGAR *geht zu Candy, nimmt ihr das ganze Bündel ab und zählt es nach.* … oder ihr macht es so wie Candy. *Gibt ihr einen einzelnen Schein wieder und klopft ihr auf den Hintern.* Und nun flott. Ich will, dass hier alles ordentlich ist, wenn unser Junge nach Hause kommt.

Es klopft und kurz darauf betritt Adamo die Bühne. Die Frauen stürzen sich auf ihn.

MADAME SUGAR Adamo, mein Engel, da bist du ja endlich.

CANDY Wir waren schon ganz krank vor Sorge um dich.

HONEY Du kannst uns doch nicht so ängstigen, Junge.

CHERRY *schiebt die anderen ein wenig weg.* Ach lasst ihn. Das Wichtigste ist, dass er wieder da ist.

ADAMO *kommt endlich zu Wort.* Ich war mit den Jungs lernen. Bald ist Prüfung. Und ich will doch unbedingt bestehen.

MADAME SUGAR Ganz recht. Wenn du einen guten Abschluss machst, dann werde ich auch meinen Teil der Abmachung einhalten und dich meinem Freund, dem Produzenten vorstellen.

ADAMO Und dann werde ich der hellste Stern am Broadway *macht einige elegante Tanzschritte* und die ganze langweilige Lernerei zahlt sich aus.

MADAME SUGAR Warum bringst du deine kleinen Freunde nicht mal mit hierher?

HONEY Wir würden sie gerne mal kennenlernen.

CHERRY Oder schämst du dich für deine Familie?

ADAMO *hebt abwehrend die Hände.* Nein, nein. Aber ich glaube, meine Freunde würde sich hier … *stammelt* nicht so recht wohlfühlen.

Die Huren schauen sich gegenseitig abwechselnd an.

CANDY Dafür würden wir schon sorgen …

MADAME SUGAR Jetzt reicht es, Candy. Du bringst den Jungen ja ganz durcheinander.

CANDY Er ist alt genug … *In diesem Moment hält Honey Adamo die Ohren zu.* Er sollte wissen, womit wir unser Geld verdienen.

MADAME SUGAR *herrisch.* Das weiß er. Wir bekommen Besuch von Männern, um die wir uns gut kümmern und wofür wir dann ein wenig Geld erhalten.

CANDY Gut kümmern? Er sollte wissen, dass wir dafür bezahlt werden, mit den Kerlen zu … *wird von CHERRY unterbrochen.*

CHERRY Genug jetzt. Er wird noch depressiv werden, wenn wir uns vor seinen Augen streiten.

MADAME SUGAR Richtig. Und verhungern wird er, wenn er nicht bald etwas zu Essen bekommt. Wer so fleißig studiert, muss regelmäßig und gut essen. Honey, sieh zu, dass unser Junge etwas aus der Küche bekommt. Und nimm endlich die Finger aus seinen Ohren.

HONEY *lässt Adamo los.* Dann wollen wir doch mal sehen, was wir in der Küche für dich finden können. *Geht ab.*

MADAME SUGAR *zu Candy und Cherry.* Und ihr beiden macht euch jetzt endlich wieder an die Arbeit. Schließlich bezahle ich euch nicht fürs Rumstehen.

CHERRY *nimmt den Besen und drückt ihn Candy in die Hand.*

ADAMO *macht sich auf, den beiden zu helfen.*

MADAME SUGAR Mein Junge, was machst du denn da?

ADAMO Ich helfe beim Putzen.

MADAME SUGAR *nimmt Adamo den Wedel aus der Hand.* So ein Quatsch. Hier ist es doch sauber.

CANDY *will den Besen wegstellen, erntet dann aber böse Blicke von Madame Sugar.*

MADAME SUGAR *nimmt Adamo zur Seite.* Dann erzähl mal, mein Junge, wie läuft das Studium? Lernst du fleißig und bist immer noch der Klügste von deinen kleinen Freunden?

ADAMO Nun… ja. So könnte man es sagen. Es ist …

Es klopft.

MADAME SUGAR Cherry, sieh nach wer das ist. Es ist in der Tat noch ein wenig früh für die ersten Kunden.

CHERRY *geht kurz ab und öffnet die Tür, kehrt anschließend mit den Capos zurück.* Madame Sugar, es sind die Capos von dieser Hexe Baretta DiAngelo.

MADAME SUGAR *geht auf die Capos zu.* Welcher Umstand verschafft mir denn die Ehre solch hohen Besuches?

CLEO Wir suchen einen jungen Mann.

CANDY *lachend.* Nun, dann seid ihr hier wohl an der falschen Adresse. Madame Sugars Etablissement führt keine jungen Männer.

MADDY *will auf Candy losgehen.* Halt die Schnauze! Die Alte da weiß genau, was wir meinen!

FERGIE *übergibt Maddy an Cleo und macht einen Schritt auf Madame Sugar zu.* Wir sind hier um das DiAngelo Kind abzuholen, dass wir vor langer Zeit in deine Obhut gegeben haben.

MADDY Und wir dulden keine Widerworte. Der Bengel soll zu seiner Mutter zurück und in ihre Fußtapfen treten.

Cherry und Candy schauen sich ungläubig an, Adamo schaut panisch.

MADAME SUGAR *schiebt Adamo ein wenig hinter sich.* Dann muss ich euch leider enttäuschen. *Blickt zu den beiden anderen Huren.* Er hat uns vor Jahren verlassen, um die Welt zu bereisen.

Die beiden Huren nicken.

CHERRY Seine letzte Postkarte ist aus Europa gekommen. Er hat sich über die lange Zugfahrt dorthin beschwert.

MADDY Ihr lügt uns doch an. Ich kann das riechen. Entweder ihr rückt mit der Sprache raus oder wir schlagen euch die Schädel ein, brechen euch die Beine, die Arme, die Finger und die ... *überlegt* Beine.

CLEO Ihr seht: meine Kollegin hier ist sehr ungehalten. Es wäre doch schade, wenn dieses schöne alte Haus hier abbrennen sollte, nur, weil sich ein paar Huren nicht an ein Abkommen erinnern können, dass vor langer Zeit geschlossen wurde.

MADAME SUGAR *völlig unbeeindruckt zu Maddy.* Pass auf, meine Kleine, ich bin bereits länger in diesem Geschäft tätig, als du laufen kannst. In dieser langen Zeit sind dutzende so kleine Schlampen wie du in mein Haus gekommen und wollten mich bedrohen. *Holt tief Luft.* Aber ich lasse mich nicht bedrohen. Wenn ihr uns nicht hättet, könntet ihr Baretta überhaupt keine Umsätze mehr präsentieren. Meinst du, eure Patin wäre begeistert darüber zu erfahren, wie ihr drei kleinen Stümper die einzige Geldquelle eurer Familie bedroht?

MADDY *schluckt und schweigt.*

71

MADAME SUGAR *zu Cleo.* Und du Flittchen passt in Zukunft besser auf, was du sagst. Deiner Freundin hier *deutet auf Maddy* nehme ich den Schläger ja gerade noch so ab, aber du könntest genauso gut direkt anfangen, für mich zu arbeiten.

CLEO *baff.*

MADAME SUGAR *zu Fergie.* Und wie ich bereits sagte: der Junge ist nicht mehr da.

CHERRY *tuschelt mit Candy.* Die können uns doch Adamo nicht wegnehmen.

CANDY Nein! Das dürfen wir nicht zulassen.

FERGIE Wer ist dann dieser Kerl dort? *Deutet auf Adamo.*

MADAME SUGAR Das? Das ist nur der Sohn eines Politikers, der hier bei uns zum Mann werden soll. Und nun zieht Leine und lasst uns unsere Arbeit machen. *Zu Adamo.* Nicht wahr, Junge?

ADAMO *stotternd.* Ja, genau. Es wird Zeit, dass ich ähm … *fragend und nicht sicher* ein Mann werde.

In diesem Moment marschiert Honey mit einem Teller voll Essen auf die Bühne. Adamo entdeckt sie und versucht sie unauffällig dazu zu bringen, wieder umzudrehen, ist jedoch erfolglos.

HONEY **trällert.** Adamo? Adamo DiAngelo, wo bist du? Ich hab hier was Leckeres für dich. Milch und Kekse, so wie jeden Abend in den letzten zwanzig Jahren.

MADAME SUGAR **lässt den Kopf hängen.**

MADDY **zieht ihren Revolver.** Wollt ihr uns verarschen? **Zu Fergie und Cleo.** Ich glaube, die wollen uns verarschen. **Wieder zu Madame Sugar.** Wollt ihr uns verarschen?

FERGIE Ich glaube auch.

CLEO Kein Zweifel.

MADAME SUGAR Hört zu, ihr drei. Ich denke, dass es sich hier um ein riesiges Missverständnis handelt. **Zieht das Geld von Candy aus dem Ausschnitt und wedelt vor den Capos herum.** Ich sagte doch bereits, dass der Junge nicht mehr hier ist. Würde dieses Geld eventuell dabei helfen, euch davon zu überzeugen, dass er das wirklich nicht mehr ist? **Wedelt weiter.**

FERGIE **zu Cleo.** Das ist schon eine Menge Geld.

CANDY Und wo das herkommt, ist noch eine Menge mehr …

CLEO *zu Fergie.* Wir sollten zumindest drüber nachdenken.

MADDY *lautstark.* Ihr tickt doch nicht mehr ganz richtig. Baretta verlangt ihren Sohn. Wie wird sie wohl reagieren, wenn wir ihr stattdessen ein Bündel Geld auf den Tisch legen?

CLEO Oh Maddalena, manchmal bist du wirklich ein wenig beschränkt. Das Geld ist doch für uns und nicht für die Chefin.

MADDY *beschimpft Cleo auf Italienisch: Du Hammel! Du Riesenhammel! Du größter aller Hammel in dieser Stadt!* Montone! Montone gigantesco! Sei il montone più colossale di questa città!

MADAME SUGAR Und? Bedeutet eure angeregte Diskussion, dass wir einen Deal haben?

Cleo und Maddy streiten sich noch und raufen miteinander.

FERGIE *schaut genervt zu beiden und trennt sie dann. Zu Cleo und Maddy.* Wir müssen hier jetzt endlich eine Lösung finden.

MADDY *rückt sich die Kleider zurecht, weil sie vorher gerauft hat.* Die Alternativen sind einfach.

CLEO *nimmt Madame Sugar bei der Schulter und schlendert mit ihr über die Bühne.* Wie meine Kollegin bereits sagte, die Alternativen sind einfach. Entweder ihr überlasst uns den Burschen, der euch bis jetzt bestimmt nur Sorgen und Kummer bereitet hat und wir machen uns aus dem Staub.

MADAME SUGAR Oder?

MADDY *mischt sich von hinten ein.* Oder ich knalle euch alle ab …

CLEO *dreht sich zu Maddy um und deutet ihr, zu schweigen.* Oder wir bringen euch alle langsam und qualvoll um, brennen dieses schöne Haus nieder und schauen auf dem Rückweg noch bei euren Familien vorbei, um diese langsam und qualvoll umzubringen und deren Häuser anzuzünden. Den Jungen nehmen wir natürlich trotzdem mit.

MADAME SUGAR Niemals werden wir euch Adamo überlassen.

Die Huren stellen sich schützend vor den Jungen.

CLEO Ist das euer letztes Wort?

MADAME SUGAR *keine Antwort.*

CLEO *zu Maddy.* Maddy, knall sie ab.

MADDY *grinsend.* Mit dem größten Vergnügen!

ADAMO HALT! Es soll wegen mir kein Blutvergießen geben. Nicht in diesem Haus und schon gar nicht das Blut dieser edlen Damen hier.

Die Huren sind sichtlich geschmeichelt.

MADAME SUGAR Junge, was tust du nur?

ADAMO *zu Madame Sugar.* Ich bewahre die, die all die Jahre auf mich aufgepasst haben. *Tritt hinter den Huren hervor.* Und nur, wenn ich jetzt gehe, bleibt noch etwas da, zu dem ich zurückkommen kann, wenn ich ein berühmter Tänzer bin.

HONEY *lässt den Teller fallen.* Nein! Adamo!

CANDY Tu das nicht. Wer weiß, was sie mit dir vorhaben.

CHERRY *heult laut los.*

FERGIE Was für ein kluger Junge du doch bist.

MADDY *sichtlich traurig.* Schade, kein Blutbad.

CLEO *zu Madame Sugar.* Es ist doch nur zu Eurem Besten.

MADAME SUGAR Adamo …

MADDY Komm, Bursche, wir gehen.

FERGIE *nimmt Honey das Glas Milch aus der Hand, trinkt es aus und lässt es ebenfalls fallen.*

CLEO Seht ihr, es war doch gar nicht so schlimm…

Die Capos gehen mit Adamo ab – Adamo und die Huren werfen sich traurige Blicke zu. Die Huren trösten sich gegenseitig.

CHERRY Warum haben wir nichts unternommen?

HONEY Wir konnten nichts unternehmen.

CANDY Aber wir hätten etwas unternehmen sollen!

MADAME SUGAR *bestimmt.* Wir WERDEN etwas unternehmen.

Nimmt ihre Huren und geht ab.

Penny kommt auf die Bühne und sagt die Pause an.

PENNY Extrablatt! Wir machen nun eine kurze Pause. Leckere Snacks und Getränke erhalten Sie im Foyer.

***** PAUSE *****

Dritte Szene.

PENNY *ruft.* Extrablatt! Situation spitzt sich zu. Al Capone persönlich fordert klare Nachfolgeregelung für Baretta DiAngelo. Man munkelt, dass sie sonst nicht lebendig im Gefängnis ankommen werde.

Außerdem: Nobelpreiskommitee diskutiert die Einführung eines Preises in der Kategorie Mathematik.

Mit ernstem Gesicht zum Publikum.

Langsam spitzt sich die Situation zu. Die Hyänen schleichen nicht mehr nur um die Beute, sondern fletschen bereits die Zähne. Bald ist es für eine friedliche Lösung zu spät und die Unterwelt wird einen Krieg in der Stadt lostreten. Die Straßen werden dann nicht mehr sicher sein und *traurig* niemand wird mehr meine Zeitungen kaufen. Wo soll das nur enden? *Geht ab.*

Das Büro von Baretta DiAngelo. Die Capos schieben den gefesselten Adamo hinein.

CLEO Vielleicht hätten wir ihn nicht so hart anpacken sollen. Er scheint mir irgendwie … *sucht nach dem Wort* … weich zu sein.

ADAMO *wimmert.*

MADDY Ach Quatsch! Er ist der Sohn von der Chefin. Der kann das ab. *Verpasst Adamo einen Stoß in die Rippen.*

ADAMO *wimmert noch lauter.*

FERGIE Wahrscheinlich ist das nur seine Masche! Er wartet, bis wir unaufmerksam sind und dann schneidet er uns die Kehlen durch.

CLEO Nein! Das glaube ich nicht. Schau ihn dir doch an. Er ist hübsch und niedlich. *Adamo beginnt zu grinsen.* Der hat nichts auf dem Kasten!

FERGIE Hört auf meine Worte! Das ist ein Trick. *Sieht sich nervös um.* Wahrscheinlich ist er ein Polizist, der sich bei uns einschleichen will. *Verfällt in einen Flüsterton.* Und hier sind jetzt schon überall Wanzen installiert.

MADDY Was für ein Schwachsinn. Selbst für dich, Fergie!

Fergie und Maddy beginnen sich zu kabbeln.

ADAMO *leise und zaghaft.* Darf ich etwas fragen?

CLEO *will zwischen Fergie und Maddy schlichten, wird dann selbst in die Rauferei einbezogen, kann sie aber beenden.*

ADAMO *lauter.* Ich hätte da mal eine Frage!

MADDY *schnaufend.* Was ist denn, Jungchen?

ADAMO Was wollt ihr denn eigentlich von mir? Warum seid ihr so gemein zu Madame Sugar gewesen? Sie hat euch doch überhaupt nichts getan. Und warum wollt ihr das schöne alte Haus niederbrennen? Wo sollen die armen Männer denn alle hingehen, um sich zu erholen?

FERGIE Erholen? Was glaubst du eigentlich, was deine geliebte Madame Sugar dort mit den ganzen Huren getrieben hat?

ADAMO *selbstsicher.* Na, sie haben sich um die armen Männer gekümmert, wenn sie gestresst von der Arbeit kommen. Und das haben sie so gut gemacht, dass die Männer ihnen dafür auch noch Geld gegeben haben. Sogar der Bürgermeister …

MADDY *unterbricht Adamo.* Was für einen Müll gibst du da nur von dir? Es ist kaum zu glauben, dass in dir dasselbe Blut fließt wie in unserer Chefin. *Kopfschütteln.*

CLEO Wie kann man in diesem Alter nur so weltfremd sein? Was soll aus dir nur werden?

ADAMO *voller Inbrunst.* Ich werde Tänzer! *Beginnt trotz gefesselter Hände einige Tanzschritte zu vollführen und beginnt wieder zu singen.*

FERGIE *genervt.* Maddy, knall ihn ab.

MADDY Nur zu gern!

CLEO *hält den Finger vor die Lippen.* Pscht! Ich höre die Chefin kommen.

Victoria betritt allein die Szene.

VICTORIA Baretta lässt sich entschuldigen. Sie ist noch in einer dringenden Telefonkonferenz mit Mister Capone. Sie wird in wenigen Minuten bei uns sein. *Hält inne.* Nun, dann lasst mich doch schon mal sehen, was aus dem kleinen Adamo in der harten Erziehung des Klosters *Cleo möchte etwas sagen, doch Maddy hält ihr die Hand vor den Mund* geworden ist. *Geht prüfend um Adamo herum.*

ADAMO *nickt ihr zu.*

VICTORIA So, mein Kleiner, du wirst also das neue Gesicht der Familie DiAngelo werden? Die Locken! Wahnsinn! Das wird dich gerade bei der weiblichen Zielgruppe sehr populär machen. Es wirkt verspielt und ungestüm, eine sehr interessante Facette, um die der Name DiAngelo nun erweitert wird. Man wird dich für unberechenbar halten. Ich sehe es direkt vor mir: Mad Adam DiAngelo – so wird man dich voller Furcht auf der Straße nennen. Oder hast du eine bessere Idee?

ADAMO Hmm ... *überlegt* ... ja, die habe ich.

VICTORIA *ungläubig.* Und zwar?

ADAMO Adamo Sternenstaub.

Victoria und die Capos blicken völlig unverständlich drein.

ADAMO Adamo Sternenstaub wird mein Künstlername am Broadway werden. Stellt euch doch nur das Plakat vor.

Ungläubiges Schweigen aller Beteiligten. Münder stehen offen.

TANZ: Adamo Sternenstaub

ADAMO Ich sehe, es raubt euch genau wie mir den Atem. Das wird der Wahnsinn werden. Madame Sugar hat gesagt, dass ich unglaubliches Talent habe und sie mich ihrem Bekannten am Broadway vorstellen wird, wenn ich mein Diplom in der Tasche habe.

Weiterhin ungläubiges Schweigen, Victoria fällt in Ohnmacht, Maddy fängt sie auf.

ADAMO *sichtlich erfreut.* Schön, dass es euch so interessiert. Manchmal habe ich das Gefühl, die Leute um mich herum mit meinem Traum vom Broadway zu nerven. Doch ich sehe, dass ihr das verstehen könnt. Ist es nicht der Traum eines jeden richtigen Mannes, einmal erster Tänzer in einem Ballett auf der großen Bühne zu sein?

MADDY Ruhig! Sonst brech ich dir die Beine!

ADAMO Adamo Sternenstaub und wie er sich aus dem Krankenhausbett zum Broadway empor tanzte … *träumt.*

VICTORIA *Kommt langsam wieder zu sich und wendet sich an Adamo.* Du bist jetzt kurz still, Junge!

ADAMO *schweigt.*

VICTORIA *zu den Capos.* Was redet der Bengel da von Madame Sugar? Das ist doch die Keyaccount Managerin unseres Afterbusiness Gentleman Clubs? Wie kann er diesen Laden kennen? Er ist im Kloster gewesen?

CLEO Nun … *stammelt* … das war er ja auch.

ADAMO Was? Ich war niemals in einem Kloster.

FERGIE Er hat davon in der Zeitung gelesen.

ADAMO Ich lese aus Prinzip keine Zeitung.

MADDY Er hat sich den Kopf gestoßen und plappert jetzt nur wirres Zeug.

ADAMO Nein, habe ich nicht …

MADDY *schaut Adamo böse an.* Wirst du aber, wenn du nicht ruhig bist.

VICTORIA Es ist für mich nicht relevant, wer von euch sich nicht an die ToDo-Liste gehalten hat, die wir im „Was machen wir mit dem Kind"-Meeting festgelegt haben. Fakt ist jedoch, dass die Chefin der festen Überzeugung ist, dass ihr Adamo in ein Kloster gebracht habt. Ihr solltet also zusehen, dass sie in diesem Glauben bleibt.

Baretta betritt die Bühne.

FERGIE *zu Victoria.* Das ist dann doch eher dein Job!

Die Capos flitzen von der Bühne und lassen Victoria mit Adamo allein. Victoria wirft wild-böse Gesten und einen kleinen italienischen Fluch hinterher.

BARETTA Mein Sohn! So viele Jahre ist es her.

ADAMO *zu Victoria.* Wer ist diese Frau?

VICTORIA Das ist Baretta DiAngelo, deine Mutter.

BARETTA Ich bin deine Mutter! *Zögert, will Adamo unbeholfen umarmen, entscheidet sich dann jedoch dagegen und klopft ihm auf die Schulter, so dass Adamo beinahe zusammenbricht.*

VICTORIA Vielleicht sollten wir der Sache ein wenig Zeit geben, so dass eine elterliche Bindung entstehen kann.

BARETTA *fährt Victoria an.* Wir haben keine Zeit! Ich muss bald ins Gefängnis und Adamo hier muss das Familiengeschäft übernehmen.

ADAMO Ein Familiengeschäft? Vielleicht eine Boutique? Dann könnte ich dort von mir entworfene Kostüme verkaufen.

BARETTA *zu Victoria.* Er ist noch nicht eingeweiht?

VICTORIA Nein, das hat sich leider noch nicht ergeben. Auch hier sollten wir vielleicht noch etwas warten, damit wir den Jungen nicht überfordern.

BARETTA Klär ihn auf! Er soll wissen, dass er eine große Zukunft hat.

ADAMO Ja, die habe ich wirklich! Am Broadway …

VICTORIA *knufft Adamo in die Seite.* Du bist Adamo DiAngelo, Sohn von Baretta DiAngelo, der bösen Baretta, der kalten Baretta, der Witwenmacherin, der Königskobra …

BARETTA Ich denke, er hat es begriffen …

VICTORIA … der mächtigsten Frau der Mafia hier im schönen Chicago.

ADAMO Mafia? Also keine Boutique? *Lässt den Kopf hängen.*

BARETTA Was ist denn nur mit diesem Jungen los?

VICTORIA Die Reise war sehr hart für ihn. Er ist noch ein wenig neben der Spur.

ADAMO Das heißt, ihr seid böse Menschen?

BARETTA *schaut Victoria fragend an – diese zuckt mit den Schultern.* Wenn du es so drastisch formulieren willst – ja, wir sind die Bösen in dieser Geschichte. Als mein Nachfolger wirst du der Herr über alle Geschäfte sein, die es in dieser Stadt gibt.

Alkohol und Waffenschmuggel, genauso wie Prostitution und Erpressung.

ADAMO Aber ihr gebt es den Armen und Bedürftigen, so wie Robin Hood?

BARETTA *zögert.* Nein.

VICTORIA Mit ehrlicher Arbeit könnte man sich all das hier *macht eine ausladende Geste* wohl kaum leisten.

ADAMO Ich will aber nicht der Böse sein. Ich will als Adamo Sternenstaub am …

VICTORIA *zu Baretta.* Sehen sie. Er ist ganz überwältigt von seiner großen Zukunft in der Familie.

BARETTA *leicht panisch.* Sollten so viele Jahre in der Obhut von Pfaffen ihn letztendlich verweichlicht haben? Adamo, Junge, ist dir die Zeit im Kloster nicht bekommen?

ADAMO Im Kloster? Ich bin doch niemals im Kloster gewesen. Diese rauen Kutten wären auch nichts für mich. Darin kann man so schlecht tanzen.

BARETTA *baff.*

VICTORIA *kleinlaut.* Es hat den Anschein, als hätte es in der Vergangenheit bei der Verbringung ihres Sohnes in das Kloster ein kleines logistisches Problem gegeben.

BARETTA Ein kleines logistisches Problem?

VICTORIA Nun, *zögert* er wurde falsch ausgeliefert.

BARETTA *fordert Victoria mit einer Handbewegung auf, weiter zu reden.*

VICTORIA Nun, er ist wohl im Etablissement von Madame Sugar gelandet.

BARETTA WAS?! Bei diesen Huren? Kein Wunder, dass er so ein verzogener, verweichlichter Bengel geworden ist.

ADAMO *beginnt leise zu weinen.*

VICTORIA Er ist doch nach wie vor ihr Sohn.

BARETTA Aber so habe ich ihn nicht erzogen!

ADAMO Diese Frau hat mich überhaupt nicht erzogen! Madame Sugar hat mir alles beigebracht, was ich weiß und mich zu dem gemacht, der ich bin.

BARETTA *in Rage zu Victoria.* Da hörst du es! Es kann einfach nicht wahr sein. Die einzige Hoffnung unserer Familie entpuppt sich als weinerlicher Versager.

VICTORIA Aber er ist doch ihr Sohn.

BARETTA Das da? Das ist nicht mein Sohn. Ich habe keinen Sohn mehr.

ADAMO *trotzig.* Ich bin kein Verbrecher und ich will auch nichts mit ihren finsteren Machenschaften zu tun haben. Das *zeigt auf Baretta* ist nicht meine Mutter!

BARETTA *eiskalt.* Schön, dass wir uns wenigstens in dieser Hinsicht einig sind. *Zu Victoria.* Sieh zu, dass du mir dieses *abwertend* Ding dort aus den Augen schaffst. Bring ihn fort und lass ihn erschießen. *Geht ab.*

VICTORIA *zögerlich zu Adamo.* Du hast sie gehört. Ich habe keine Wahl. *Bringt ihn von der Bühne.*

Dritter Akt

Erste Szene.

PENNY *ruft.* Extrablatt! Kein Geld für neues Kinderkrankenhaus. Die Kassen der Stadt sind leer. Der Bürgermeister ist ratlos.

Außerdem: Nobelpreiskomitee gibt Entscheidung ohne Begründung bekannt: kein Nobelpreis für Mathematik.

Zum Publikum. Kein neuer Nobelpreis – kein Geld für ein Kinderkrankenhaus. Das einzige, was bleibt, ist die Ratlosigkeit. Wo soll das nur enden? *Ab.*

Barettas Büro. Baretta sitzt am Schreibtisch und sieht Unterlagen durch – Victoria kommt kurz darauf dazu.

VICTORIA Können Sie einen Moment Ihrer Zeit erübrigen, Boss?

BARETTA *mürrisch.* Ist es wirklich wichtig?

VICTORIA Es ist für unsere Sache von essentieller Bedeutung und hat direkt Einfluss auf Ihre Verhandlung.

BARETTA *schaut auf.* Ich bin gespannt.

VICTORIA Es geht um die Eliminierung ihres Sohnes. Wir sollten in Erwägung ziehen … *wird von Baretta unterbrochen.*

BARETTA *betont jede Silbe.* Ich habe keinen Sohn.

VICTORIA Mit Verlaub gesagt, Madame, wäre eine Eliminierung zum gegenwärtigen Zeitpunkt keine sinnvolle oder besonders wirksame Maßnahme in der Außenkommunikation. Selbst wenn wir es unseren besten Männern überlassen, könnte nicht gewährleistet werden, dass das FBI früher oder später, aber bestimmt noch während Ihrer Haft die Leiche findet.

BARETTA Und? Kommt es auf eine mehr oder weniger noch an? Als Nachfolger ist er mehr als ungeeignet.

VICTORIA Machen Sie sich keine Sorgen. Ich habe bereits einen Plan, was Ihre Abwesenheitsvertretung angeht. Betrachten Sie dieses Problem als gelöst.

BARETTA Pläne, liebe Victoria, kannst du gerne schmieden, aber denk dran, wer die Entscheidungen trifft. Spielt es denn überhaupt eine Rolle, ob der Junge lebt oder nicht?

VICTORIA Das tut es in der Tat. Bedenken Sie die sensible Situation, in der Sie sich dann befinden werden. Seitens der Staatsanwaltschaft wird man selbst in hundert Jahren noch versuchen, Ihnen jedes Verbrechen, vom kleinen Banküberfall bis hin zum Anschlag auf den Bundesrichter anzulasten - alles, was man finden kann.

BARETTA Du sagst also, wir sollen ihn am Leben lassen, damit man den Mord nicht gegen mich verwenden kann? Das klingt mir doch ein wenig dürftig.

VICTORIA Nicht nur das, Chef. In diesem Fall handelt es sich außerdem um eine sehr wirkungsvolle Public Relations-Maßnahme. Wenn Sie plötzlich einen Sohn haben, der so weit weg vom Familiengeschäft ist wie Adamo, werden die Geschworenen Sie nicht mehr als Baretta DiAngelo die Schlächterin wahrnehmen, sondern als Baretta DiAngelo, die liebende und tolerante Mutter. Bei der Findung des Urteils kann sich diese neuentdeckte Menschlichkeit nur positiv auswirken. Ich sehe es schon vor mir, wie wir Sie noch während Ihrer Zeit im Gefängnis als Verfechterin der Familie positionieren und diverse Kampagnen zu dem Thema auslösen. Das wird den Berufungsausschuss beeindrucken und Sie sind nach zehn Jahren nicht nur aus dem Gefängnis raus, sondern auf dem besten Weg in die Politik.

BARETTA *schaut sichtlich interessiert.* Zehn Jahre nur dafür, dass ich diesen Wurm am Leben lasse und so tue, als sei ich eine liebende Mutter? Sehr interessant.

VICTORIA Die Vorteile sind damit aber noch nicht erschöpft. Der Junge studiert. Vielleicht ist es etwas, was uns von Nutzen sein kann. Er könnte sich um unsere Immobilien oder Wertpapiere kümmern. So blieben diese angreifbaren Zweige in der Familie und müssten nicht an Third Party-Anbieter delegiert werden.

BARETTA *überlegt.* Nun gut. Deine Meinung war mir immer schon sehr wichtig. Ich mache dir einen Vorschlag: wir werfen diese Münze hier. Bei Zahl bleibt der Junge am Leben, bei Kopf rollt der ... äh, der Kopf.

Die Capos treten auf.

TANZ: Baretta und Capos, Münzwurf

Wirft die Münze.

VICTORIA *erleichtert.* Zahl!

BARETTA In Ordnung. Er lebt. Aber sperre ihn weg, bis die Verhandlung begonnen hat - nicht, dass einer meiner Feinde auf die Idee kommt, ihn vorher aus dem Weg zu räumen.

VICTORIA Wird erledigt. *Will abgehen.*

BARETTA Victoria?

VICTORIA *bleibt stehen, ohne sich umzudrehen.*

BARETTA Wenn die Sache schief geht, werde ich dich dafür zur Rechenschaft ziehen. Gefängnis hin oder her, vergiss nicht, wer diese Familie groß gemacht hat und dir dein luxuriöses Leben ermöglicht. – Auch wenn ich dir jetzt freie Hand bei deinen Plänen lasse, behältst du das im Kopf. DU bist nur ein kleines Licht, dass ich auspusten kann, wann immer mir der Sinn danach steht. Also enttäusch mich besser nicht. Habe ich mich deutlich genug ausgedrückt?

VICTORIA *nickt einmal und geht ab.*

Zweite Szene.

PENNY *ruft* Extrablatt! Nachfolger für Baretta DiAngelo gefunden? Gerüchten zufolge ist die Thronfolge der berüchtigten Verbrecherin endlich geklärt.

Außerdem: Patentamt lahmgelegt. Verrückter Erfinder meldet zahllose Patente auf unsinnige Erfindungen an.

Zum Publikum. Der Erfindungsreichtum unserer Zeit scheint ungebrochen und lässt sich auch durch Verbrechen und Korruption nicht einengen. Zu schade nur, dass noch niemand etwas erfunden hat, dass diese Stadt hier wirklich besser macht. *Ab.*

Das Studierzimmer der Nerds. Laverne geht nervös auf und ab, Cooper und Sheldon hocken über den Büchern.

LAVERNE *nicht aufgeregt, sondern gleichmütig.* Wo bleibt Adamo bloß? Auch wenn er nicht immer mit geistiger Anwesenheit glänzt, so ist er stets pünktlich bei unseren Colloquien gewesen.

SHELDON *zu Cooper.* Schau sie dir an. Sie ist genauso wechselhaft und nervös wie ihre Wissenschaft. Derartige emotionale Ausbrüche kann man sich als Physiker einfach nicht leisten.

COOPER Die Mathematik verzeiht eine Menge.

LAVERNE Die Mathematik ist eine exakte Wissenschaft und die Mutter aller Disziplinen.

Cooper und Sheldon brechen in lautstarkes Gelächter aus.

SHELDON *beruhigt sich langsam wieder.* Nun aber zu wichtigeren Dingen, die keinen Aufschub dulden.

LAVERNE Genau. Wir müssen Adamo finden.

SHELDON Schnickschnack. Es geht um mein neuestes Konzept für eine Erfindung. Ziel ist es, mannshohe, weibliche Käfer zu züchten. *Cooper zuckt bei jedem Wort zusammen.* Ich stehe kurz vor einem Durchbruch. *Cooper wird nervöser.* Das erste Exemplar steht dort vor der Tür.

Als es an der Tür klopft, rennt Cooper schreiend von der Bühne.

LAVERNE Wann wirst du ihm sagen, dass das ein Scherz gewesen ist? Woran arbeitest du wirklich?

SHELDON *ernst.* Ich scherze nie – aber mit unserem phobischen Freund muss ich mir einfach von Zeit zu Zeit einen Schabernack erlauben. Das ist so herrlich erfrischend.

LAVERNE *ruft von der Bühne.* Cooper, komm wieder her.

COOPER *aus dem Off.* Keine Käferfrauen?

LAVERNE Nein.

COOPER Dein Ehrenwort als Wissenschaftler?

LAVERNE Mein Ehrenwort als Wissenschaftler.

SHELDON *äffend.* Ehrenwort als Wissenschaftler. Wenn Mathematiker Wissenschaftler wären, gäbe es nichts mehr zu lachen.

COOPER *kommt vorsichtig zurück auf die Bühne.* Sheldon, woran arbeitest du wirklich?

SHELDON *stolz.* Ich werde das Postwesen revolutionieren.

LAVERNE *kichernd.* Willst du die Briefmarke abschaffen?

SHELDON Lach nur – aber so falsch liegst du nicht. Stellt euch eine Welt vor, in der geschriebene Nachrichten durch das Telefonnetz gesendet werden. Von Chicago nach Kairo, von Paris zum Mond. Alles innerhalb von Sekundenbruchteilen.

COOPER *kann sich nicht mehr halten und prustet los.* Sheldon, selten habe ich aus deinem Mund so einen Quatsch gehört. Es ist jetzt nicht möglich und es wird auch niemals möglich sein, Nachrichten auf elektronischem Wege zu übermitteln. *Bricht vor Lachen beinahe zusammen.*

LAVERNE *lacht ebenfalls lauthals mit.* Sheldon, das ist ja noch besser als deine Idee, dass jeder Mensch einen kleinen Computer in der Tasche mit sich herumträgt, auf dem er auch noch Spiele spielen kann. Du solltest Komiker werden.

SHELDON Wahrscheinlich habt ihr beide Recht. *Zerreißt seine Entwürfe.* Das wäre niemals was geworden.

LAVERNE Jetzt wo wir das geklärt haben, können wir uns auf die Suche nach Adamo machen?

SHELDON Das ist ein hoffnungsloses Unterfangen. Du folgerst daraus, dass er nicht hier ist, dass er sich irgendwo anders aufhält. Betrachtet man es jetzt genau, gibt es unendliche viele andere Orte, an denen er sein könnte.

COOPER Unendlich weniger einem, nämlich diesem hier.

SHELDON Exakt. So oder so werden wir es wohl kaum bis zum Abendessen schaffen, unendlich minus einen Ort abzusuchen. Selbst dann nicht, wenn wir so flüchtig arbeiten, wie das unter euch Mathematikern üblich ist.

LAVERNE *tritt Sheldon gegen das Schienenbein.* Wir müssen ja nicht alle Orte absuchen, sondern können erstmal bei ihm zuhause anfangen. Ich habe bei der Sache kein gutes Gefühl.

SHELDON Worauf gründet sich dein Unbehagen? Beweise für ein Verbrechen kann ich hier schwerlich erkennen.

LAVERNE Ich weiß auch nicht. Nenn es weibliche Intuition.

SHELDON Intution, noch dazu weibliche, ist eine höchst unwissenschaftliche, da nicht messbare Größe. Gerade du als Mathematiker … *wird von Cooper unterbrochen.*

COOPER Wieso *weibliche* Intuition?

LAVERNE Weil ich eine Frau bin?

COOPER *entsetzt.* Bist du nicht. Du bist doch Wissenschaftler.

SHELDON Eigentlich ist sie Mathematiker. Und ja, Cooper, sie ist eine Frau

COOPER *stotternd.* Das kann doch nicht sein. Du kannst keine Frau … *rennt wieder schreiend von der Bühne.*

SHELDON Das ist unserer Sache nicht zuträglich. Vielleicht sollten wir über eine Lobotomie nachdenken. Sein Geist stellt ohnehin keinen Verlust für die Wissenschaft dar.

LAVERNE Sheldon, du unterstützt mich bei der Rettung von Adamo, oder?

SHELDON Noch wissen wir nicht, wo der Junge ist und ob er überhaupt in Gefahr ist. Solange werde ich mich vehement gegen das Wort „Rettung" wehren und würde „Suche" präferieren.

LAVERNE *gernervt.* Schon gut.

SHELDON Nein. Frag mich.

LAVERNE Das ist nicht dein Ernst.

SHELDON Doch. Frag mich.

LAVERNE *resigniert.* Sheldon, dafür ist wirklich keine Zeit.

SHELDON Der Zeit ist das egal. Sie vergeht so oder so. Also frag mich.

LAVERNE Nun gut. Sheldon, würdest du mich bei der SUCHE nach Adamo unterstützen?

SHELDON Selbstverständlich.

COOPER *kommt wieder auf die Bühne. Trägt einen Tarnanzug und passende Gesichtsbemalung.* Na dann los Männer, wir haben eine Mission.

LAVERNE Solltest du mich nicht fürchten?

COOPER Nein. Ich fürchte nichts und niemanden. Weißt du, Mädel, tagsüber bin ich Cooper, der

Chemiker, doch wenn ein Freund in Not ist, werde ich zu Captain C, dem Beschützer der Schwachen, dem Rächer der Unterdrückten …

SHELDON Mir scheint, als hätte die Erkenntnis deiner Weiblichkeit schlimmeren Schaden verursacht, als wir dachten. Cooper, reiß dich zusammen und komm mit.

COOPER *Pscht.* Ihr könnt doch nicht jedem meine geheime Identität offenkundig machen. Ich bin Captain C.

LAVERNE Na gut, Captain C, dann komm mal mit uns mit.

COOPER Es muss heißen „Captain C, dann kommen SIE mal mit uns mit." Meine heroische Autorität soll nicht in Frage gestellt werden können.

SHELDON Genie und Wahnsinn liegen sprichwörtlich sehr nah beieinander. Sonderbar ist nur, dass Cooper eigentlich niemals ein richtiges Genie gewesen ist.

LAVERNE *packt Cooper am Arm und geht mit ihm ab.* Los Jungs, wir retten Adamo.

SHELDON *bleibt mit verschränkten Armen auf der Bühne stehen* Wir SUCHEN …

Laverne kommt zurück, er wird von ihr am Arm gepackt und weggezerrt.

Dritte Szene.

PENNY *ruft.* Extrablatt! Untersuchungen haben ergeben, dass immer mehr Polizeibeamte sich durch ihre Vorgesetzten misshandelt fühlen. Die Polizeidirektion streitet dies vehement ab. In keiner Strafverfolgungsbehörde werden Untergebene derartig behandelt.

Außerdem: Amateurtheater groß im Kommen. Immer mehr Menschen verbringen einen schönen Abend mit spannenden Stücken und jungen, talentierten Schauspielern. *Ab.*

Das Büro von O'Harrigan. O'Harrigan sitzt an seinem Schreibtisch und liest Zeitung, die Agent 1 für ihn hält. Agent 2 putzt ihm wieder die Schuhe.

O'HARRIGAN *liest Zeitung.* … neues Kinderkrankenhaus. *Macht ein verächtliches Geräusch „pah“.* Wenn er Bürgermeister bleiben möchte, sollte er mal besser dafür sorgen, dass wir ein wenig mehr verdienen. *Zu Agent 1.* Umblättern.

AGENT 1 Jawohl. *Blättert um.*

O'HARRIGAN Kaffee!

AGENT 1 Ja, Sir. *Hält mit einer Hand die Zeitung und flößt O'Harrigan einen Kaffee ein.*

O'HARRIGAN *stößt Agent 1 zurück.* Hey … der ist viel zu heiß. Na warte Bursche, das wird ein Nachspiel haben.

AGENT 1 Sir, entschuldigen Sie. Ich wollte doch nur …

Es klopft.

O'HARRIGAN *hält inne.* Herein!

Betty betritt die Bühne.

BETTY Der „Gast" für unsere nächste Vernehmung ist da. *Führt die Pizzabotin herein.*

PIZZABOTIN Ich habe hier eine Pizza mit …

O'HARRIGAN *unterbricht sie.* Was? Warum sollten wir dich denn vernehmen wollen? Vielleicht weil deine Pizza so teuer ist? *Nimmt Pizzabotin den Karton aus der Hand.*

AGENT 1 *zu Agent 2.* Als ob er jemals eine bezahlt hätte. *Beide kichern.*

O'HARRIGAN Und nun bring die Göre hier raus und sieh zu, dass du den richtigen Zeugen findest!

BETTY Ja, Sir.

PIZZABOTIN Aber mein Geld …

O'HARRIGAN Habe ich mich undeutlich ausgedrückt?

BETTY Nein, Sir. *Nimmt Pizzabotin und führt sie von der Bühne.*

O'HARRIGAN *öffnet den Karton und schaut die Pizza an – kurz darauf spuckt er aus.* Mit Banane und Hackfleisch? Das kann nur für euch sein. *Wirft Agent 1 und 2 den Karton zu.*

Es klopft erneut.

O'HARRIGAN *mürrisch* Ja?

Betty führt Victoria wortlos auf die Bühne und geht wieder ab.

VICTORIA *zum Publikum.* Dann wollen wir den guten Mann um den Finger wickeln und mit den Waffen einer Frau *knöpft sich die Bluse ein wenig auf* zur Strecke bringen.

O'HARRIGAN *künstlich.* * Oh, welch hoher Besuch hier in unserem bescheidenen Büro. Was bringt die Consiliera der DiAngelo Familie hierher zu mir?

VICTORIA Ihre Vorladung, Special Agent O'Harrigan. Und lassen Sie mich direkt zu Beginn etwas klarstellen: Ich und meine Tätigkeit als Unternehmensberaterin und Anwältin, stehen in keinem mittelbaren oder unmittelbaren Beschäftigungsverhältnis mit den Strukturen des organisierten Verbrechens der DiAngelo Familie.

O'HARRIGAN Mädchen, spar dir deine Schauspielerei. Wir wissen doch beide, wer deine kostspielige Wohnung finanziert und es dir möglich macht, solche *glättet in einer übertriebenen Geste den Kragen ihrer Bluse* * Kleidung zu tragen.

VICTORIA *nickt.* * Nun gut O'Harrigan. Ich spare uns diese Farce, aber Sie sollten das dann auch tun.

O'HARRIGAN Was meinen Sie? *Entrüstet.* *

VICTORIA Sie brauchen die Maske des gesetzestreuen FBI-Agenten nicht zu tragen. Ich habe meine Hausaufgaben gemacht und mein Background-Check hat ergeben, dass Sie gerne mal die Hand aufhalten, wenn es um eine temporäre finanzielle Unterstützung seitens der Mafia geht.

O'HARRIGAN *schickt mit einem Fingerzeig Agent 1 und 2 von der Bühne.* Oh, was für eine gemeine Formulierung. Ich bin natürlich nicht abgeneigt, wenn ich in meiner Funktion als Leitender Special Agent in zahllosen Ermittlungen gegen das organisierte Verbrechen von der ein oder anderen Person einen kleinen Bonus erhalte, damit ich dieses oder jenes Beweisstück finde oder nicht finde …

VICTORIA Sie sind ein korrupter Hund.

O'HARRIGAN *böse.* Das stimmt. Und nun kommen wir zum Geschäft.

VICTORIA *setzt sich und richtet die Verhörlampe auf sich.* Nun denn.

O'HARRIGAN Baretta DiAngelo soll ins Gefängnis. Lebenslänglich. Das ist kein Geheimnis. Kein Geheimnis ist außerdem, dass uns noch etliche Beweise fehlen, um eine derartig harte Anklage zu verwirklichen. Und genau da kommen Sie ins Spiel, Victoria.

VICTORIA Die Situation ist eindeutig. Baretta wird definitiv zu einer langjährigen Haftstrafe verurteilt werden.

O'HARRIGAN Und das ist auch gut so. Diese Schlange hat es nicht anders verdient.

VICTORIA Genau diese emotionale Bindung ist es, an die ich jetzt appellieren möchte. Sie wird die Familie DiAngelo vor dem Untergang bewahren.

O'HARRIGAN *entrüstet* Was?

VICTORIA *rückt näher an O'Harrigan und beginnt in einem verführerischen Ton* Süßer, du brauchst es überhaupt nicht abzustreiten. Ich weiß von deiner kleinen Episode mit Baretta. Eine richtige, echte Affäre war es, oder? Heiß, *O'Harrigan beginnt nervös auf seinem Stuhl umher zu rutschen* innig und unsagbar kurz. *Wird leiser.* Und schmutzig war es, oder?

O'HARRIGAN *haut mit der Faust auf den Tisch.* Wie kann es sein, dass mich jeder mit dieser Geschichte erpressen will? Erst Madame Sugar und dann auch noch Sie. Ein einziges Mal in meinem Leben habe ich einen über den Durst getrunken und bin schwach geworden …

VICTORIA *amüsiert.* Interessant. Genauso beschreibt Baretta es auch.

O'HARRIGAN Aber es war eine einmalige Sache. Wieso sollte mich das emotional an die Familie binden? Die DiAngelos sind allesamt Verbrecher. Diese Schlampe.

VICTORIA Nicht alle.

O'HARRIGAN Nicht alle?

VICTORIA Nun, Sweetheart, eure kleine Affäre blieb nicht ohne Folgen.

O'HARRIGAN *baff.*

VICTORIA *voller Genugtuung.* Du hast einen Sohn.

O'HARRIGAN *fällt rückwärts vom Stuhl.*

VICTORIA Genau diese Wirkung hatte ich erwartet.

O'HARRIGAN *rappelt sich langsam auf.* Einen Sohn? Wie kann das sein? Ich habe doch nicht einmal eine Frau.

VICTORIA *ein klein wenig genervt.* Du hast einen Sohn mit Baretta DiAngelo.

O'HARRIGAN *will den Stuhl wieder aufstellen, hält dann inne und realisiert die Angelegenheit.* Einen Sohn?

VICTORIA Ja.

O'HARRIGAN Mit Baretta DiAngelo? *Atmet schwerer.*

VICTORIA Ja.

O'HARRIGAN Mit Baretta DiAngelo, der Teufelsbrut? *Keucht vor Wut.*

VICTORIA Ja. *Nickt.*

O'HARRIGAN *Atmet tief durch und versucht sich zu beruhigen – scheitert und wirft den Stuhl über die Bühne. Beginnt zu brüllen.* Nicht nur, dass mich der Alkohol und ihre damals recht ansehnlichen Kurven haben schwach werden lassen – jetzt will mir das Miststück auch noch einen Sohn anhängen.

VICTORIA Nein.

O'HARRIGAN *will gerade zu einem neuen Schwall Bösartigkeiten ansetzen, als er merkt, dass Victoria dies verneint hat.* Nein? *Ungläubig.*

VICTORIA Sie weiß nicht, dass ich hier bin. Und, Sweetheart, ganz ehrlich, wenn sie es wüsste, würde sie reagieren, wie du jetzt reagierst. Ihr seid euch sehr ähnlich.

O'HARRIGAN *spuckt aus.* Sind wir nicht! *Kramt in der Tasche seines Mantels nach seinem Flachmann, findet ihn und nimmt einen tiefen Schluck – es ist, als würde der starke Alkohol ihn von seinen Sorgen befreien. Er wird langsam ruhiger.* Dieser Sohn, *nimmt noch einen hastigen Schluck* wie ist sein Name?

VICTORIA Adamo. Adamo DiAngelo.

O'HARRIGAN *aufrichtig.* Ein schöner Name. *Nimmt wieder einen Schluck.* Und warum ist jetzt meine Bindung zur Familie gefragt?

VICTORIA *nimmt O'Harrigan den Flachmann aus der Hand und nimmt selbst einen ordentlichen Schluck.* Baretta geht ins Gefängnis. Von GANZ OBEN wird von ihr jedoch verlangt, einen Nachfolger zu benennen. Einen aus ihrer eigenen Blutlinie.

O'HARRIGAN Und da kein Mann dieser Welt meine Dummheit wiederholt hat, bleibt ihr nur Adamo, richtig?

VICTORIA Exakt.

O'HARRIGAN Dann ist doch alles gut. *Nimmt ihr die Flasche aus der Hand und leert sie bis auf den letzten Tropfen.*

VICTORIA Du kennst den Jungen nicht.

O'HARRIGAN Was spielt das für eine Rolle? Er wird doch Manns genug sein, ein paar Schädel einzuschlagen? Immerhin war ich es, der ihren Garten gedüngt hat. *Lacht.*

VICTORIA Der Junge ist *zögert* etwas Besonderes. Er studiert. Und er will Broadway-Star werden.

O'Harrigan Das ist alles ihre Schuld. Diese Frau ist nicht mal in der Lage, gute Söhne zur Welt zu bringen. *Lacht wieder.*

Victoria Du bist dir des Ernstes der Lage nicht bewusst. Entweder der Junge stirbt, weil Baretta ihren eigenen Nachwuchs aus Frust einfach auffrisst. Oder der Junge wird mit Gewalt in diese Rolle gepresst und wird von der Unterwelt verschluckt – und schlimmstenfalls von dir erschossen. So oder so, wenn du mir jetzt nicht hilfst, klebt das Blut deines Sohnes, gewollt oder nicht, an deinen Händen.

O'Harrigan *seufzt.* Ich hasse Baretta mehr als alles andere. Und wenn sie ihren Jungen verabscheut, weil er ein Tänzer ist, dann ist das ein Grund für mich, diesen Jungen zu lieben.

Victoria Das ist die richtige Einstellung.

O'Harrigan Ich werde alles tun, um Adamo zu beschützen, nur damit Baretta aus dem Gefängnis heraus sehen muss, dass der Schandfleck auf ihrem Leben ein berühmter Tänzer geworden ist. *Hält inne.* Was also soll ich tun? *Setzt sich auf einen anderen Stuhl.*

Victroria Du musst Pate werden.

O'HARRIGAN *fällt wieder vom Stuhl.* Pate werden? Das ist ein Witz?

VICTORIA Nein. Du musst an Adamos Stelle den Platz auf dem Thron einnehmen. Korrupt und brutal bist du sowieso schon. Das heißt, lediglich die Arbeitszeiten würden sich ändern.

O'HARRIGAN Und die Bezahlung hoffe ich.

VICTORIA Und die Bezahlung.

O'HARRIGAN Ich werde drüber nachdenken.

VICTORIA *schmiegt sich an ihn.* Und mich bekämst du sozusagen als Bonus obendrein. *Küsst ihn flüchtig und geht dann ab.*

O'HARRIGAN *lässt sich auf dem letzten freien Stuhl nieder.* Puh.

AGENT 1 *kommt hinter O'Harrigan auf die Bühne – dieser erschreckt sich und fällt ein drittes Mal vom Stuhl.* Boss, was ist denn hier passiert?

O'HARRIGAN *springt auf.* So werden Verhöre durchgeführt, Agent Dweller. Merken sie sich das für die Zukunft. Und nun holen sie Agent … Agent … *sucht nach dem Namen* … na den anderen Schwachkopf her und räumen sie auf. Ich werde für heute Dienstschluss machen.

AGENT 1 Sir, Sie gehen nie vor neun. Ist etwas geschehen?

O'HARRIGAN Nun, man könnte sagen, dass sich mir neue berufliche Perspektiven eröffnet haben, über die ich nachdenken muss. *Geht ab.*

AGENT 1 *schaut sich um.* Wenn der alte Hund erstmal weg ist, werde ich auf seinem Stuhl sitzen und der Chef sein. *Stellt O'Harrigans Stuhl wieder hin und lässt sich übertrieben lässig darauf nieder.*

Vierter Akt

Erste Szene.

Die Nerds stehen vor dem Haus von Madame Sugar an. Vor dem Haus diskutieren sie wild darüber, wer klingeln soll.

SHELDON Betrachtet man es wissenschaftlich, dann ist es der Sache gleich doppelt dienlich, wenn Cooper klingelt und nach Adamo fragt. Wir bekommen die Informationen, die wir brauchen UND er überwindet endlich seine schrecklich unnütze Phobie gegenüber Frauen.

COOPER Ich bin nicht Cooper. Ich bin Captain C.

LAVERNE Sheldon, hälst du das für eine gute Idee? Ich meine, sieh dir an, wie Cooper rumläuft.

COOPER Ich bin nicht Cooper. *Wird von Sheldon unterbrochen.*

SHELDON Sei es drum. ICH werde dort nicht klingeln.

LAVERNE Und warum nicht? Bist du nicht das großartigste Genie aller Zeiten?

SHELDON Ganz recht. Das bin ich. Und mein Genie wäre mit der Wahrnehmung einer solch minderwertigen Aufgabe verschwendet. Ich werde genau hier stehen bleiben und die Situation überwachen.

COOPER Und uns Rückendeckung geben?

SHELDON Nein, nur überwachen.

LAVERNE Besteht die Möglichkeit, dass der große Sheldon zu feige ist, an einer fremden Tür zu klingeln?

SHELDON Nie und nimmer. Doch es ist zwingend erforderlich, dass jemand von meinem Format die Situation im Auge behält.

COOPER Und notfalls einschreitet?

SHELDON Ich sagte „im Auge behält". *Geht bis zum Publikum.* Von genau hier.

LAVERNE Nun gut. Cooper, dann gehst eben du bei den netten Frauen klingeln, bei denen Adamo wohnt.

COOPER Frauen? *Rennt schreiend von der Bühne.*

LAVERNE *lässt den Kopf hängen.* Es kann doch nicht wahr sein.

SHELDON Oh – schön, dass du es sagst. Zu gut um wahr zu sein ist auch meine neue und, ich lobe mich einmal selbst, großartigste Erfindung: *zieht ein Handy aus der Tasche* Das Mobilophon.

LAVERNE Wir haben keine Zeit für diesen Unsinn, Sheldon. Wir müssen Adamo finden.

SHELDON Schön, dass du fragst ... *wird von Laverne unterbrochen.*

LAVERNE Ich habe nicht gefragt.

SHELDON Solltest du aber. Allein das Wissen um meine Idee wird dein Leben besser machen.

LAVERNE *genervt.* Wenn ich frage, wirst du dann klingeln?

SHELDON Ich soll dich damit belohnen, Zeuge meiner größten Erfindung werden zu dürfen UND dort klingeln?

LAVERNE *wütend.* SHEL-DON!

SHELDON Schon gut. Ich möchte keinesfalls mit dem ungestümen Temperament der Mathematiker konfrontiert werden. Dennoch: ich werde NICHT klingeln.

LAVERNE *nimmt Sheldon das Handy aus der Hand und zertritt es auf dem Boden. Betont jede Silbe.* Du gehst jetzt an diese Tür und klingelst! Dein Mobilophon hätte sowieso niemand gebrauchen können.

SHELDON Du wirst wohl recht haben. Wahrscheinlich hätte niemand Interesse daran gehabt, immer und überall telefonieren zu können. *Macht sich auf den Weg zur Tür.*

Cooper kommt wieder auf die Bühne.

COOPER Sind die Frauen weg?

SHELDON *dreht sich kurz um.* Ja, sind sie. *Blickt Laverne achselzuckend an.* Jetzt sind hier nur noch diese riesigen Käfer.

COOPER *rennt erneut schreiend von der Bühne.*

LAVERNE Cooper, bleib hier! *Folgt ihm.*

SHELDON Und am Ende siegt die Physik über alles. Dann wollen wir mal sehen, ob jemand daheim ist. *Macht sich unnötig kompliziert daran, zu klingeln.*

Laverne und Cooper kehren zurück.

LAVERNE *zu Cooper.* Siehst du, hier sind keine Frauen und auch keine Käfer.

In diesem Moment öffnet sich die Tür des Hauses und die Huren kommen bewaffnet mit Nudelhölzern und Kochlöffeln heraus – Cooper fällt in Ohnmacht.

MADAME SUGAR Wie lange wollt ihr noch vor meiner Tür stehen und mir die Kunden vertreiben?

SHELDON Kunden? Ich war mir nicht klar darüber, das Adamo in einem Geschäft wohnt.

CANDY Geschäft? Junge, sehen wir aus, wie Verkäuferinnen?

SHELDON *stotternd.* Nein, Madam.

HONEY Ich werde einmal Kinderkrankenschwester!

Die anderen Huren lassen den Kopf hängen.

MADAME SUGAR **zu Sheldon.** Ihr seid also Freunde von Adamo?

SHELDON **stotternd und stammelnd.** Nun … ähm … Madam, ich … ähm.. wir … ja, Freunde.

LAVERNE **schiebt sich vor Sheldon.** Ganz recht. Wir sind Freunde von Adamo und machen uns Sorgen um ihn, weil er heute seine Nachhilfestunde nicht wahrgenommen hat.

CHERRY **geht direkt auf Laverne zu.** Holla! Du bist ja ein hübsches Ding. **Spielt an Lavernes Haaren.** Was man mit ein wenig Schminke doch aus dir machen könnte …

MADAME SUGAR **schaut Cherry böse an, welche daraufhin zurücktritt.** Eure Sorgen macht ihr euch zurecht. Er ist in die Fänge von Baretta DiAngelo geraten.

SHELDON DiAngelo? Sehr sonderbar …

LAVERNE **zu Madame Sugar.** Ist diese Frau seine Mutter? Ich dachte immer, dass er seine Eltern nicht kennt. Wo ist er? Wir werden ihn befreien.

SHELDON Laverne, bist du sicher, dass wir das tun werden? Bist du dir im klaren, wer Baretta DiAngelo überhaupt ist?

LAVERNE Seine Mutter.

SHELDON Und zufällig der Kopf des organisierten Verbrechens in Chicago.

MADAME SUGAR Ganz recht. Und mit dieser Frau sollten sich Kinder wie ihr nicht anlegen.

SHELDON *empört.* Kinder? Ich habe zwei Doktortitel. Und den ersten davon bekam ich mit fünfzehn.

CHERRY Das ist ja dann noch nicht so lange her, mein Kleiner.

SHELDON Eines Tages werde ich …

LAVERNE Madam, wenn ich die Situation recht deute, wollen Sie Adamo befreien.

MADAME SUGAR Ganz recht, Schätzchen. Und ihr werdet euch jetzt auf den Weg nach Hause machen. Das ist viel zu gefährlich für euch.

HONEY Und vergesst nicht, vor dem Schlafengehen noch ein Glas Milch zu trinken. *Kichert.*

SHELDON Sie wollen also die mächtigste Mafiapatin, die es jemals gegeben hat, mit Nudelhölzern und Kochlöffeln aufsuchen und Adamo befreien? Was haben sie konkret vor? Wollen sie ihr einen Kuchen backen?

MADAME SUGAR Nun, wir werden ihr Haus aufsuchen und dann … *ratlos.*

CANDY … dann mischen wir sie auf? *Unsicher.*

LAVERNE Sehen Sie Madam, mag sein, dass Sie und ihre Damen ambitioniert sind, doch es fehlt ihnen klar …

SHELDON *zum Publikum.* … an Verstand und Geschmack bezüglich ihrer Kleidung?

LAVERNE … an Kalkül.

MADAME SUGAR Kindchen, halt uns nicht weiter auf. Es ist noch ein weiter Weg bis zur Maybel Street und dem Haus von Baretta DiAngelo.

SHELDON 7,8372 Meilen, um genau zu sein. Bei dem Verkehr in der Stadt brauchen Sie mit dem Bus, grobgeschätzt 63,2 Minuten – aber nur dann, wenn sie die Linie 5 nehmen, am Rathaus umsteigen und sich die Linie 19 wie gewohnt um wenigstens drei Minuten verspätet. Das tut sie jedoch nur Dienstags, Donnerstags und an Feiertagen, die auf einen Mittwoch fallen. Das wiederum bedeutet, dass sie bereits jetzt zu spät dran sind und sich höchstwahrscheinlich per pedes auf den Weg machen müssen, was, berücksichtigt man die urbanen Gegebenheiten unserer schönen Stadt und legt die Marschgeschwindigkeit römischer Legionen zugrunde, *schaut zu Laverne**...

LAVERNE *bearbeitet ihren Rechenschieber.** 3,77 Stunden …

SHELDON Und mit den unpraktischen Schuhen die Sie tragen – 4,86 Stunden dauern dürfte.

MADAME SUGAR *baff.**

Die übrigen Huren fangen an zu tuscheln.*

HONEY *tritt aus der Gruppe hervor.** Madame Sugar, wir möchten die Eierköpfe gerne mitnehmen. Sie könnten sich als nützlich erweisen.

CANDY Und sei es nur dafür, dass wir sie unterwegs für Geld zur Schau stellen. *Lacht.**

MADAME SUGAR Nun gut. Dann werden wir Adamo gemeinsam befreien.

Sheldon und Sugar reichen sich die Hand und alle gehen entschlossen ab.*

Zweite Szene.

Penny steht auf der Bühne.*

PENNY *ruft.* Extrablatt! Extra…

TANZ: Nerds mit Huren

Penny wird von den auftretenden Nerds und den Huren über den Haufen gerannt und schleicht anschließend davon. Auf der anderen Seite der Bühne stehen zwei Wachmänner mit schweren Waffen.

MADAME SUGAR Hier sind wir nun.

SHELDON Da ist das Anwesen von Baretta DiAngelo?

MADAME SUGAR Ganz recht. Und irgendwo dort drin hält diese Hexe meinen Adamo gefangen.

LAVERNE *zieht Cooper an einem Strick hinter sich her.* Jetzt stell dich nicht so an. Irgendwann musst du dich doch an uns Frauen gewöhnen!

COOPER *will wieder schreiend weglaufen, wird aber von Laverne und dem Strick zurückgehalten.*

HONEY Wie kommen wir denn dort rein?

SHELDON Erst einmal ist die naheliegendste Lösung zu bevorzugen.

CANDY Und die wäre?

SHELDON Wir gehen durch die Tür.

HONEY Und vorbei an den Schlägern von DiAngelo. Was habt ihr Eierköpfe euch denn dazu ausgedacht?

COOPER Da kommen wir nicht durch. Das sind ja richtige Gorillas. Nie im Leben. Wahrscheinlich haben die uns verprügelt, bevor ich Kaliumhexacyanoferrat-(II)-Trihydrat ausgesprochen habe.

CHERRY Kalium… *stockt* Ka-li-um… *stockt wieder* … ach verdammt. Wir kommen da nie rein.

SHELDON In diesem Fall sollten wir uns an der Natur orientieren.

LAVERNE Und woran genau? Am Recht des Stärkeren? An der Evolution? So oder so ziehen wir den Kürzeren.

SHELDON Keineswegs, liebe Laverne. Es wundert mich nicht, dass in deinem beengten mathematischen Geist kein Platz für wahre Kreativität ist.

CANDY *tritt Sheldon gegen das Knie.* Du redest zuviel! Komm zum Punkt und sag uns, wie wir an diesen beiden Affen vorbeikommen.

SHELDON *hält sich das schmerzende Knie.* Mimikry.

CANDY Nein! Ich heiße Candy!

SHELDON *wie selbstverständlich.* Und ich meine damit nicht dich, sondern bezeichne damit den Weg, den wir an diesen Wachen vorbei ins Gebäude finden werden.

CHERRY Kalium… *hadert* Kalzi-um… Kalzium-hexen-Zürich-Mandat *stockt wieder.* Verflixt und zugenäht!

MADAME SUGAR Es wird auch Zeit, junger Mann. Wer weiß, was die mit Adamo da drin anstellen.

Ein Schaudern geht durch die Huren.

COOPER Was Sheldon auf seine unendlich komplizierte Art und Weise, so wie es nur Physiker tun können, sagen möchte ist, dass …

LAVERNE Cooper!

COOPER Schon gut. Also Mimikry bedeutet … *Wird von Sheldon unterbrochen.*

SHELDON *rasend schnell.* Als Mimikry wird in der Biologie die Ähnlichkeit von Tieren einer bestimmten Art mit denen einer zweiten Art bezeichnet, so dass Tiere einer dritten Art die beiden anderen Arten nicht sicher voneinander unterscheiden können und miteinander verwechseln.

CHERRY *ganz langsam.* KA-LI-UM ... *stampft auf.* Ach Mist! Kaliumdihydrogenphosphat. *Versucht es permanent weiter, das Wort richtig auszusprechen.*

LAVERNE Er möchte damit sagen, dass wir uns wie ihresgleichen, also wie Verbrecher verhalten sollen, und dann kommen wir auch sicher an den Wachen vorbei.

MADAME SUGAR Gut und schön. Aber wir können uns nicht tarnen. Die Kerle kennen mich und meine Mädchen nur zu gut. Und damit wir sie ablenken können, bedarf es etwas mehr, als einer Bande schmächtiger Eierköpfe. Wir brauchen ein Ablenkungsmanöver!

SHELDON Die BOMBE! *zieht sogleich Pläne aus dem Laborkittel.*

COOPER UND LAVERNE NEIN!

LAVERNE Es muss einen anderen Weg geben. Mit weniger Kollateralschäden.

SHELDON *kichert irre.* Die Bombe! Meine größte Erfindung! DIE BOMBE!

COOPER *abwertend.* Jetzt ist er wahnsinnig geworden ...

SHELDON *wie Gollum.* Bombe. Bombe. Bom-be!

CHERRY *ruft laut aus.* Ich habs!

Alle schauen sie erwartungsvoll an.

CHERRY *fehlerfrei und fließend.* Kaliumhexacyanoferrat-(II)-Trihydrat *Schaut stolz einen nach dem anderen an.*

Die Gruppe tadelt Cherry mit Blicken.

HONEY ICH habs!

COOPER Großartig. Ihr könnt jetzt alle Kaliumhexacyanoferrat-(II)-Trihydrat aussprechen.

HONEY Nein. Ich habs wirklich. Wir schicken ihnen eine Frau. Das ist genau das, was diese Sorte Mann ablenken wird.

MADAME SUGAR Schätzchen, das hattten wir doch schon. Die Burschen kennen uns alle! Du müsstest schon eine Frau auf der Straße finden … *Hält inne und sieht Laverne an.*

LAVERNE *panisch.* Was habt ihr vor …

MADAME SUGAR Es wäre kein großer Aufwand. *Geht auf Laverne zu.*

CANDY *geht ebenfalls auf Laverne zu.* Was für eine geniale Idee!

CHERRY Schnappt sie euch!

Die Huren schnappen sich Laverne und zerren sie von der Bühne.

COOPER Jetzt werden sie sie fressen, nicht wahr?

SHELDON *lässt sich im Schneidersitz nieder und zeichnet an seinen Plänen.* Bombeeee!

COOPER ALS SHELDON *als würde Sheldon mit ihm reden.* Nein, Cooper, mach dir keine Sorgen. Alles wird gut.

COOPER Wirklich? Und bekomme ich anschließend einen Milchshake?

COOPER ALS SHELDON Natürlich mein Freund. Und ich werde mich für alle wissenschaftlichen Gemeinheiten entschuldigen, die ich dir jemals an den Kopf geworfen habe. *Schaut Sheldon an.*

SHELDON Boooombeeee…

COOPER Es ist hoffnunglos. Wir werde Adamo nie retten.

Verstecken sich, als sie Baretta und Victoria kommen sehen. Baretta und Victoria betreten die Bühne und unterhalten sich.

VICTORIA Boss, ich habe ganz ausgezeichnete Neuigkeiten für sie.

BARETTA Ausgezeichnete Neuigkeiten? Konntest du meine nahende Haftstrafe doch noch abwenden? *Klopft mit der Faust auf den Koffer, den sie hinter sich herzieht.*

VICTORIA Lassen sie uns das besser im Haus besprechen.

Die beiden passieren die Wachmänner und verschwinden im Haus.

Dritte Szene

Das Büro von Baretta.

VICTORIA Nein, Boss. Die Beweislast ist zu erdrückend gewesen, als dass es von Wert gewesen wäre, an dieser Stelle noch Ressourcen zu verschwenden.

BARETTA Ich höre nicht ganz richtig, oder? Was meinst du mit Ressourcen verschwenden? *Wütend.* Es geht hier, liebe Victoria, um meinen

Arsch, der ins Gefängnis geht. Wenn es also Mittel und Wege gibt, die Angelegenheit jetzt noch zum Guten zu wenden, kosten sie, was sie wollen, wäre ich dir sehr verbunden, wenn du von ihnen Gebrauch machen würdest!

VICTORIA *zum Publikum.* Sie übertreibt. Der Koffer ist schon gepackt. Es ist nur noch eine Frage von Stunden. Ganz bestimmt werden wir da jetzt keinen einzigen Dollar mehr investieren. *Zu Baretta.* Sollten wir in dieser Angelegenheit noch Fortschritte machen, sind Sie die erste, die davon erfahren wird. Ich weiß ja, wo ich Sie finden kann. *Schlägt sich die Hände nach dem letzten Satz vor den Mund.*

BARETTA *zischt.* Was hast du gesagt?

VICTORIA *stammelnd.* Ich wollte nur berichten, dass ich einen Nachfolger für Sie gefunden habe, der Ihre Geschäfte in Ihrem Sinne fortführen wird.

BARETTA *interessiert.* Hast du das?

VICTORIA Das habe ich. Es ist der kaltblütigste und brutalste Bursche, den ich finden konnte. Er hat bereits jahrelange und intensive Erfahrung mit dem organisierten Verbrechen und auch den Strafverfolgungsbehörden.

BARETTA Wer ist es? Jemand aus der Gegend? Der Handgreifliche Harry vielleicht? Oder vielleicht Jack, das Messer?

VICTORIA Aus der Gegend ist er, allerdings ist er keiner von diesen zweitklassigen Gaunern.

BARETTA Das verwundert mich. Ich kenne sie alle. Und der einzige erstklassige Gauner, den ich kenne, bin ich selbst.

VICTORIA Auch diesen Burschen kennen sie. *Geht kurz ab und holt O'Harrigan auf die Bühne.*

BARETTA *entsetzt.* Du?

O'HARRIGAN Ja. Ich. *Kleinlaut.*

BARETTA *rastet aus und stürzt sich schreiend auf O'Harrigan.* Du Schwein! Ich bringe dich um!

O'HARRIGAN *versucht erfolglos, Baretta festzuhalten.* Nicht so stürmisch, Kleine.

BARETTA *außer sich.* ich werde dich umbringen!

VICTORIA Ruhig, Boss. *Versucht, die beiden zu trennen.*

O'HARRIGAN *schiebt Baretta von sich fort.* Jetzt ist aber genug.

VICTORIA Ganz genau. Jetzt im Moment gibt es wichtigeres als Ihren persönlichen Konflikt.

O'HARRIGAN Das ist IHR Konflikt.

BARETTA Das musst du gerade sagen. Wer war es denn, der sich einfach aus dem Staub gemacht hat?

VICTORIA Ich bin sicher, dass wir das in einem vernünftigen Gespräch klären können.

O'HARRIGAN UND BARETTA Halt den Mund!

BARETTA Du hast doch gesagt, dass ich auf der falschen Seite des Gesetzes stehe und dass wir keine Zukunft haben können.

O'HARRIGAN Dasselbe hast du auch gesagt. Undenkbar wäre es, dass die mächtigste Frau der Mafia einen Bundesbeamten an ihrer Seite hat.

BARETTA *unsicher.* Aber nur, weil du das zuerst gesagt hast.

O'HARRIGAN Nein, du.

BARETTA Du.

O'HARRIGAN Nein, du.

BARETTA *ohrfreigt O'Harrigan.*

O'HARRIGAN *ohrfeigt Baretta.*

BARETTA *ohrfeigt O'Harrigan – dann fallen sich beide in die Arme und küssen sich innig.*

VICTORIA *während des Kusses: wischt sich vor Erleichterung den Schweiß von der Stirn.* Dann wäre ich wohl sicher. Damit können wir die Familie ja wieder vereinen. *Verschwindet kurz von der Bühne und kommt mit Adamo wieder.*

ADAMO *erblickt O'Harrigan und Baretta und wendet sich an Victoria.* Sind … *stotternd* sind das meine Eltern?

VICTORIA Ganz recht. *Schiebt Adamo zu den beiden und geht ab.*

O'HARRIGAN Mein Sohn? *Haut ihm auf die Schulter, so dass er zusammenbricht.*

ADAMO Vater! *Rappelt sich auf und umarmt O'Harrigan – löst sich dann wieder von ihm und schaut Baretta zögerlich an.*

BARETTA *reicht ihm die Hand.* Mein Sohn!

ADAMO Oh Mann! Das kann doch nicht wahr sein …

O'Harrigan und Baretta nehmen Adamo in die Mitte und gehen ab.

Vierte Szene

Vor dem Haus – Sheldon und Cooper sitzen untätig herum.

COOPER Wie kommen wir nur ins Haus? Und wo sind die anderen hin?

SHELDON Booombeeeee!!!

COOPER Du bist wirklich keine große Hilfe. *Überlegt kurz.* Die anderen müssen sich wirklich einen guten Plan einfallen lassen, damit wir an diesen Gorillas vorbeikommen.

Es ertönt Musik und Laverne betritt neugestylt die Bühne, gefolgt von den Huren.

TANZ: Laverne verführt die Wachmänner

Fünfte Szene.

Adamo, O'Harrigan und Baretta sitzen um den Schreibtisch von Baretta herum und reden.

BARETTA Wir könnnen niemals eine normale Familie sein. Selbst, wenn ich irgendwann entlassen werde.

O'HARRIGAN Nein, das können wir nicht. Niemals.

BARETTA Wir sind niemals wie Eltern für Adamo da gewesen … *schaut Adamo an* … und wahrscheinlich werden wir es auch niemals sein.

Victoria kommt auf die Bühne gelaufen.

VICTORIA Chef, ich konnte sie nicht aufhalten.

Die Huren und die Nerds schieben sich auf die Bühne. Allen voran Madame Sugar.

MADAME SUGAR Adamo, Schätzchen, bist du hier?

ADAMO Madame Sugar … *verwirrt.*

SHELDON Keine Sorge, mein Freund, wir retten dich vor diesen Monstern!

ADAMO Aber die sind doch eigentlich ganz lieb zu mir.

LAVERNE Oh nein! Sie haben eine Gehirnwäsche durchgeführt.

COOPER Stockholm-Syndrom!

HONEY Er weiß nicht, was er redet.

MADAME SUGAR Du kommst mit uns!

ADAMO Nur, wenn ich tanzen darf!

SHELDON Er ist gesund.

COOPER Kein Stockholm-Syndrom.

LAVERNE Alles ist in Ordnung.

BARETTA *geht auf Madame Sugar zu.* Ich danke dir dafür, dass du auf … *gerät ins Stocken und sucht nach den Worten* Adamo … *stockt wieder* meinen Sohn aufgepasst hast.

MADAME SUGAR *baff – dann: dreht sich zu den Huren um und deutet ihnen, wegzugehen – die Huren gehen ab.* Dein Sohn? Das heißt … *schaut tieftraurig.*

BARETTA *nimmmt Adamo bei den Schultern.* Er ist erwachsen. Irgendwie. Und er ist frei, zu entscheiden, wo sein Zuhause ist. Und ich denke, wir wissen beide, dass er sich richtig entscheiden wird. *Zu Adamo.* Nicht wahr, Adamo?

ADAMO *traurig.* Ich will doch nur tanzen… *macht einen Schritt auf Madame Sugar zu – diese tritt ihm entgegen und schließt ihn in die Arme.*

O'HARRIGAN *zu Baretta.* Es ist besser so.

BARETTA In der Tat.

O'HARRIGAN Außerdem braucht er am Broadway jemanden, der ihn vertritt. Einen Agenten. Jemanden, der das Geschäft kennt und ihn liebt wie sein eigen Fleisch und Blut. Und wir hätten dafür keine Zeit.

MADAME SUGAR *strahlt.* Da könnt ihr euch sicher sein! *Zu Adamo.* Komm Schätzchen, wir machen uns direkt daran, dir ein Kostüm für deinen ersten großen Auftritt zu suchen.

Madame Sugar legt den Arm um Adamo und verschwindet von der Bühne. Die Nerds schauen sich verlassen um.

COOPER *stotternd zu Laverne.* Du bist ja wirklich eine … Frau. Eine hübsche Frau.

LAVERNE *sieht an sich herunter.* Ja. Sieht so aus.

COOPER *schüchtern und zu Boden starrend.* Hast du Lust auf einen Milchshake?

LAVERNE *auch schüchtern.* Gerne. *Nimmt Cooper bei der Hand und entfernt den Strick, der immer noch um ihm geschlungen ist.* Den brauchen wir wohl nicht mehr …

Beide gehen ab.

SHELDON Traurig anzusehen, dass die Wissenschaft der Fleischeslust unterliegt. *Hält inne.* Aber nun gut. Dann bleibt der Ruhm für die Bombe ganz allein mein! *Will gehen.*

O'HARRIGAN Bombe? Mein Junge, nicht so schnell. *Zieht eine Visitenkarte aus dem Mantel.* Vielleicht können wir ja ins Geschäft kommen. *Drückt Sheldon die Karte in die Hand und dieser geht ab.*

BARETTA *tritt zu O'Harrigan und umarmt ihn.* Ich hätte nie gedacht, dass all das hier so enden wird … *Küssen sich.*

VICTORIA Dann ist da ja nur noch eine Sache zu erledigen. *Klopft auf den Koffer.*

BARETTA *zu O'Harrigan.* Wirst du auf mich warten?

O'HARRIGAN Genau hier.

Agent 1 und 2 stürmen schwer bewaffnet auf die Bühne

AGENT 1 Unglaublich, Boss, Sie haben sie gefasst!

AGENT 2 Ja, ohne Sie wäre das nicht möglich gewesen!

O'HARRIGAN *schaut unsicher zwischen den beiden Agenten und Baretta hin und her.* Ja … *stottert* ganz recht. Ohne mich wäre das nicht möglich gewesen … *schiebt Baretta hinter sich.*

BARETTA Ganz ruhig. *Legt ihm die Hand auf die Schulter.* Tu, was du tun musst.

O'HARRIGAN *zieht die Handschellen aus dem Jackett und legt sie Baretta an. Zu Agent 1 und 2.* Führt sie ab!

Agent 1 und 2 wollen Baretta abführen.

BARETTA Und mein Koffer?

AGENT 1 *läuft und holt den Koffer.*

Agent 1 und 2 gehen mit Baretta ab – O'Harrigan blickt ihr traurig hinterher und legt eine Feile in die Tasche.

Die Capos treten auf und nehmen neben O'Harrigan Aufstellung.

MADDY Da sind wir, Boss. *Legt einen Sack Geld auf dem Schreibtisch ab.* Das Schutzgeldgeschäft läuft endlich wieder.

CLEO Wir müssen dringend etwas bezüglich der nächsten Schnapslieferung besprechen.

FERGIE Und über die Ladung Gewehre für die Kubaner.

O'HARRIGAN *lässt sich an Barettas Schreibtisch nieder – Melodie von „Der Pate" setzt ein.*

VICTORIA Nun, Boss, dann wollen wir ihnen mal einen Überblick über die Geschäfte verschaffen.

Die Capos knien nieder und vollziehen den Ringkuss.

Epilog.

Penny kommt auf die Bühne.

PENNY *ruft* Extrablatt! Extra… Große Premiere am Broadway: Adamo Sternenstaub in der aufwändigsten Produktion dieses Jahrzehnts. Jetzt Karten sichern für „Die drei lustigen Patensöhne (vorläufiger Titel)"!

Musik setzt ein – Adamo im Glitzerfummel und die Huren als Tänzerinnen.

TANZ: Großes Finale

Vorhang

Der Autor

Dass Daniel Nagel Welten schaffen kann, hat er bereits 2009 mit seinem ersten Theaterstück bewiesen. Mit maßgeschneiderten Rollen und einer Geschichte voller Humor, Helden auf Abwegen und hart erkämpfter Einsicht hat das Erfolgsstück Lysander sowohl die Schauspieler von Didel-Dadel-Dum wie auch die Zuschauer in seinen Bann gezogen.

Ohne Frage eine hohe Messlatte, die Daniel Nagel und Didel-Dadel-Dum sich gelegt haben. Umso ehrgeiziger widmete sich Daniel Nagel seinem zweiten Theaterstück. Das Ergebnis ist erneut ein Stück voller Komik, Missverständnissen und Menschlichkeit, hat jedoch nichts von der Romantik des Mittelalters. „Der Patensohn" spielt im düsteren Chicago der 1920er Jahre, wo die Mafia ihr Unwesen treibt.

Für die Schauspieler von Didel-Dadel-Dum spielt „Der Patensohn" in einer gänzlich neue Welt, für Daniel Nagel hingegen in seiner schreiberischen Heimat: Zusammen mit den Mitgliedern von Dead Girl Walking Press hat Daniel Nagel die Trilogie „Kriegsträumer – Ehre, Stolz, Loyalität" veröffentlicht und kennt die dunkle Welt der Schurken und Verbrecher genau. Mit „Der Patensohn" wagt Daniel Nagel den Spagat zwischen seiner geheimnisvoll düsteren Erzählwelt und der jungen Komik der

Theatergruppe Didel-Dadel-Dum. Mit Erfolg: „Der Patensohn" überzeugt durch eine ernste Geschichte gespickt mit viel Witz und Humor.

Weitere Informationen rund um Daniel Nagel, die Kriegsträumer-Trilogie und Dead Girl Walking Press finden Sie im Internet unter

www.deadgirlwalking.de

Die Gruppe

Rund 30 Jugendliche und junge Erwachsene im Alter von 7 bis 35 Jahren bilden Didel-Dadel-Dum, das Junge Theater der Kirchengemeinde St. Magnus in Beber. Darunter sind begeisterte SchauspielerInnen, TänzerInnen sowie Techniker und HelferInnen, die jedes Jahr im Herbst ein abendfüllendes Stück auf die Bühne bringen – Klassisches Theater mit Musik und Tanz von jungen Leuten für Groß und Klein. Für das Heimspiel in Beber wird eigens in die Mehrzweckhalle eine Bühne eingebaut.

Für das Junge Theater Didel-Dadel-Dum geht im Oktober 2010 zum zwölften Mal der "Vorhang auf". Unter dem Titel „Der Patensohn" kommt das Stück von Daniel Nagel in Beber zur Uraufführung.

Ausführliche Informationen über das Junge Theater erhalten Sie auf der Internetseite unter

www.didel-dadel-dum.de

Dank und Mitwirkende

Junges Theater Beber, der Vorstand: Steffi Fischer, Vanessa Hansch, Torben Holle, Mike Neuendorf, Roland Plener, Peggy Zawilla, Stefan Zawilla

Lektorat: Stefan Zawilla

Umschlaggestaltung: Daniel Nagel

Klappentext: Sonja Dreher